1. Auflage

Haffner Verlag, Eschenstraße 3, 85464 Neufinsing

Herstellung: BoD - Books on Demand, Norderstedt

ISBN

Paperback: 978-3-9821432-8-6

Hardcover: 978-3-9821432-9-3

Definition: Exitium

(lat. Exitium: Untergang, Verderben, Vernichtung, Sturz -gentis; principum; urbis; alci -o esse -)

Die neue Zukunft

Band 3

Ab•schied

Inhaltsverzeichnis

Kapitel 1 – Maria

Risse und Falten zeichneten den alten Ledereinband, der seine besten Tage hinter sich gelassen hatte, aber es waren genau diese Spuren der Zeit, die sie so mochte. Maria fuhr mit ihren Fingern über den Einband und schlug ihr Tagebuch bedächtig auf. Sie blätterte zur nächsten freien Seite und nahm ihren Füller zur Hand. Nachdenklich betrachtete sie die Kerze auf ihrem Schreibtisch. An das flackernde Licht, das die Kerzen spendeten, hatte sich die achtunddreißigjährige Mutter bereits gewöhnt. Alles war nur eine Frage des Umstandes und der Anpassung an die Situation. Das hatte sie im Laufe der letzten zwei Wochen gelernt. Die gebürtige Italienerin war sehr gläubig, was nicht nur ihrem streng katholischen Elternhaus zu verdanken war, sondern auch der Tatsache, dass ihr als kleines Kind die heilige Mutter Maria auf einem Feldweg erschienen war.

Die Aufregung war groß gewesen, als das damals neunjährige Mädchen weinend nach Hause gelaufen war und von der Erscheinung berichtet hatte. Wenige Minuten später machten sich Onkel Francesco und ihre Mutter Anna auf den Weg zum Feld und sahen natürlich nichts. Es dauerte zwei Wochen, bis sich die kleine Maria von ihrer Begegnung mit der Mutter Jesu erholte. Selbst die tröstenden Worte ihres Vaters, sicherlich nur eine Frau bei einem Spaziergang gesehen zu haben, konnten das Mädchen nicht umstimmen. Bis zum heutigen Tage war sich die Frau sicher, Zeugin einer Marienerscheinung gewesen zu sein.

Maria betrachtete die leere Seite, nahm die Kappe ihres Füllers ab und begann mit einem neuen Eintrag.

12. Mai, 21:53 Uhr
Heute ist der dreizehnte Tag in Dunkelheit. Es gibt immer noch keinen Strom. Der dreizehnte Tag, an dem ich Gabriel erklären musste, dass die Handwerker viel zu tun hätten und bald kommen würden, um in unserem Haus das Licht wieder einzuschalten. Der dreizehnte Tag voller Lügen und beruhigender Worte. Langsam verlassen mich die Kräfte, meinem siebenjährigen Schatz die vorgespielte Fröhlichkeit glaubhaft zu vermitteln.

Vor einer Stunde kam Leonardo vorbei. Ich bin wirklich froh, dass wir so nah beieinander wohnen. Er hat mir erzählt, dass sich viele aus unserem Dorf auf den Weg nach Palermo gemacht haben. Die Contis hatten noch etwas Benzin in ihrem Bus. Zurück werden sie es wohl nicht mehr schaffen, aber ihre Hoffnung ruht auf Palermo. Ich halte es für keine gute Idee, zumal das blaue Licht am Himmel seit drei Nächten immer stärker wird. Es wirkt bedrohlich. Ich habe Leonardo zwei

Kerzen mitgegeben, seine Batterien in den Taschenlampen haben den Geist aufgegeben.

Bevor ich Gabriel eine Gutenachtgeschichte vorgelesen habe, hatte ich ihm von unserem Ausflug morgen erzählt. Mein Schatz hat sich sehr gefreut, den morgigen Tag am Meer zu verbringen. Ich danke dem lieben Gott, dass Cefalú direkt am Meer liegt. Die zwei Supermärkte wurden vor drei Tagen geplündert und unsere Nahrungsmittel neigen sich dem Ende zu. Heute danke ich Mutter Maria dafür, dass mein Vater mich immer und immer wieder gegen meinen Willen zum Angeln mitgenommen hat. Leonardo wird uns begleiten. Ich bin sehr froh darüber, dass ich in diesen Zeiten nicht mehr alleine vor die Tür gehen muss.

Ich werde versuchen, ein wenig zu schlafen, und auch diese Nacht werde ich wieder zu unserem allmächtigen Herrgott beten. Er möge die Dunkelheit von uns nehmen und diesen Albtraum beenden.

13. Mai, 22:34 Uhr

Es war ein schöner und erfolgreicher Tag. Mein kleiner Schatz hat stundenlang im Meer nach Muscheln gesucht. Leonardo und ich haben vierzehn Fische gefangen. Genug, um die nächste Zeit über die Runden zu kommen. Ich bin wirklich froh, dass Gabriel gerne Fisch isst und mir Diskussionen über die Essensauswahl erspart bleiben.

Gegen Mittag hatte sich eine Gruppe Plünderer unserem Platz genähert. Menschen, die ich nicht kannte, was mich in diesem kleinen Dorf, in dem wir leben, mehr und mehr beunruhigt. Leonardo nahm seine Waffe heraus, hielt sie gesenkt und ruhig in der Hand. Glücklicherweise zeigte seine stumme Drohung Wirkung und die vier Männer entfernten sich wieder von unserem Platz.

Heute war der erste Tag, an dem das blaue Licht am Horizont auch tagsüber zu sehen war. Nicht stark, aber ich konnte erkennen, wie sich das natürliche Blau des Himmels mit diesem unnatürlichen Farbton vermischte.

Gegen sechzehn Uhr schalteten wir das kleine Transistorradio meines Opas ein, in der Hoffnung, etwas weiter entfernt von unserem Zuhause Signale oder Stimmen zu hören. Ohne Erfolg. Es ist schon eine Ironie des Schicksals, wie wir ohne WLAN, ohne Elektrizität und tragbare Akkuladegeräte auf die Technologie unserer Vorfahren zurückgreifen.

Auf dem Rückweg nahmen wir von dem Feld der Martinellis noch ein paar Kartoffeln mit. Sie mögen uns verzeihen. Die Erntezeit der Frühkartoffeln beginnt zwar erst etwas später, aber einige Knollen eignen sich bereits für den Verzehr.

Leonardo hat mir angeboten, bei uns zu wohnen, bis die Dunkelheit vorüber ist. Es wird immer rauer da draußen. Wir begegnen immer mehr Gruppen von Menschen, die sich nehmen, was sie bekommen können. Ich muss darüber nachdenken, womöglich wäre es besser. Die Sicherheit meines kleinen Engels geht über alles. Ich kann nicht zulassen, dass ihm etwas passiert, falls die Dunkelheit weiterhin anhält und die Lebensmittel in unserem Dorf knapper und die Menschen skrupelloser werden. Es ist nur eine Frage der Zeit, bis auch der letzte Mensch seine Moral beiseitelegt und es einzig und allein ums Überleben geht.

Morgen werde ich wieder Wäsche waschen. Die große Regentonne hat sich halb gefüllt, genug Wasser, um das Nötigste zu reinigen. Es erspart mir den Marsch zum Meer, bepackt mit der Kleidung und der Ungewissheit, ob mir da draußen etwas passieren wird oder nicht.

Das blaue Licht strahlt nun so kräftig wie der Mond. Das erste Mal seit der Finsternis werde ich die Jalousien herunterlassen, obwohl ich es nicht möchte. Doch es ist zu hell zum Schlafen.

Danke, lieber Herrgott, dass ich heute einen schönen Tag mit meinem Schatz verleben durfte. Bitte lass die Dunkelheit und das blaue Licht weichen. Es macht mir Angst.

Ein Hämmern riss Maria aus dem Schlaf. Mit einem Male saß sie senkrecht im Bett und verriss sich ihren Nacken bei der ruckartigen Bewegung.

»Oh mein Gott, oh mein Gott«, flüsterte sie panisch, sah zu ihrem schlafenden Sohn und anschließend auf ihre Uhr. Die

Zeiger verrieten ihr, dass es kurz vor fünf war. Das Hämmern an der Wohnungstür wollte nicht aufhören. Maria griff unter ihr Bett und holte einen Baseballschläger hervor, den sie seit der Dunkelheit dort versteckte. Sie schlich zur Wohnungstür. Durch das Milchglas der Eingangstür erkannte sie die Umrisse einer Person.

»Wer ist da?« Mit zittriger Stimme sprach sie zu dem Schatten. Sie umklammerte das lackierte Holz des Baseballschlägers.

»Leonardo. Mach auf!«

Maria fiel ein Stein vom Herzen. Sie schloss die Tür auf, stellte den Schläger in die Ecke des Flurs und fasste sich an ihren schmerzenden Nacken.

»Was ist denn passiert?«

»Komm raus, Maria. Hör dir das an.« Leonardo nahm die Hand seiner Nachbarin und zog sie ungeduldig auf die Veranda des kleinen Hauses. Das Zirpen der Grillen war vereinzelt aus der Ferne zu hören und der Wind wehte durch die Bäume, die das Haus umgaben. Maria sah Leonardo verwirrt an, der ihren Blick ignorierte und konzentriert mit zusammengekniffenen Augen in die Dunkelheit sah.

»Leonardo, da ist nichts. Was ist denn los?«

»Warte. Warte noch einen Augenblick.«

Und tatsächlich, nach zwei Minuten der Stille, die ab und an von ein paar Grillen gestört wurde, hörte Maria, warum

Leonardo sie mitten in der Nacht aus dem Schlaf gerissen und ihr eine Heidenangst eingejagt hatte. Die Italienerin spürte ein leichtes Vibrieren in ihrer Magengegend, gefolgt von einem kaum hörbaren, aber konstanten Geräusch. Es hörte sich an wie ein Wummern aus der Ferne. Sie blickte in den blauen Schimmer, der vom Meer aus die Dunkelheit der Nacht durchbrach und versuchte das Geräusch zu orten.

»Kommt das von dem Licht dort?«

»Ich kann das nicht lokalisieren, es scheint von überall gleichzeitig zu kommen. Was zum Teufel ist das?«

Leonardo drehte sich langsam um seine eigene Achse, doch es schien unmöglich, herauszufinden, was es war und vor allen Dingen woher es kam. Nach fünf Minuten starb das Geräusch abrupt ab und auch die Vibration in seinem Bauch hörte plötzlich wieder auf. Verdutzt sahen sich die beiden an.

»Komm rein, die Nacht ist sowieso schon gelaufen.«

Der Fünfzigjährige folgte wortlos der Einladung und so fanden sich die beiden Minuten später am Esstisch in der Küche ein.

»Das geht schon die halbe Nacht so. Ich habe das Geräusch das erste Mal gegen ein Uhr gehört, davon bin ich aufgewacht. Es kommt in regelmäßigen Abständen wieder. Alle dreiundzwanzig Minuten, nach exakt fünf Minuten hört es wieder auf«, murmelte Leonardo gedankenverloren und nippte an seinem Glas Wasser, das aus dem Brunnen hinter dem Haus stammte.

»Vielleicht schaffen sie es endlich, das Elektrizitätswerk in Palermo wieder in Gang zu bekommen. Wer weiß, vielleicht versuchen sie, die Turbinen wieder hochzufahren, und das Geräusch rührt daher«, sinnierte Maria, doch im Grunde wusste sie, dass solch ein Geräusch und diese Vibration in ihrer Magengegend unmöglich von einem Stromkraftwerk kommen konnten. Es fühlte sich an, als käme es in der gleichen Intensität aus allen Richtungen.

»Ich weiß nicht«, antwortete Leonardo. »Wir sind jetzt seit zwei Wochen ohne Strom, ohne zu wissen, was in der Welt vor sich geht. Die einzige Erkenntnis, die wir in dieser Zeit gewonnen haben, ist, dass ein bläulicher Schimmer am Himmel immer stärker wird und seit heute Nacht auch ein Brummen aus dem Nichts kommt. Vielleicht sollten wir auch eine Reise nach Palermo wagen. Vielleicht sammeln sich die Menschen dort, bilden Hilfsgemeinschaften mit mehr Essen, ärztlicher Versorgung und haben eventuell mehr Informationen.«

Leonardo dachte laut darüber nach, sich auch auf den Weg nach Palermo zu machen, aber Maria wusste, ohne sie und Gabriel würde er nicht gehen. Ohne Zweifel würde er die alleinstehende Frau und ihren kleinen Sohn niemals in diesem abgelegenen Dorf am Rande des Meeres zurücklassen.

»Ich werde hier nicht weggehen, Leonardo. Ich kann es dir nicht begründen, warum, aber mein Instinkt sagt mir, dass es ein Fehler wäre, die Abgeschiedenheit zu verlassen. Lass uns noch eine Woche warten. Wir haben noch genug Vorräte, um sieben Tage zu überleben, bevor wir wieder auf die Suche gehen müssen oder eben nach Palermo. Abgemacht?«

Leonardo gehörte zu jener Sorte Menschen, die man wie ein offenes Buch lesen konnte. Seine Mimik, besonders seine Augen verrieten jeden Gedanken, jede Empfindung, noch bevor er den Mund öffnete. Leonardo brummte wie ein Bär und bestätigte den Vorschlag mit einem kurzen Nicken.

Die Tage verstrichen und nichts geschah. Das seltsame Geräusch blieb. Konstant und pünktlich. Alle dreiundzwanzig Minuten spürten Maria und Leonardo die seltsame Vibration in ihrer Magengegend. Selbst wenn sie im Haus oder Keller waren, erkannten sie am Zittern, das einem leichten Druck auf ihrer Haut glich, dass das Geräusch wieder eingesetzt hatte. Maria erzählte Gabriel, dass die Techniker in Palermo den Strom wieder anschalten wollten und er deshalb immer einen Druck auf den Ohren spürte. Sicherlich würde es noch ein paar Tage dauern, dann würde auch das Grummeln in seinem Bauch vergehen und alles wäre wieder gut. Maria spielte auf Zeit, doch die Tage verstrichen und je näher das Ende der Woche kam, umso deutlicher realisierte sie, dass rein gar nichts gut werden würde. Etwas Unheilvolles ging vor sich – das fühlte die Italienerin. Das Elektrizitätswerk in Palermo würde genauso wenig seine Arbeit wieder aufnehmen, wie der blaue Schimmer, der mittlerweile die Nacht fast zum Tag machte, nicht verschwinden würde.

Am sechsten Tag gegen fünf Uhr nachmittags öffnete Maria schweren Herzens ihren Reisekoffer und begann damit, die wichtigsten Utensilien für die Reise nach Palermo zu packen. Einen Tag zuvor hatte sie bereits eine Liste erstellt. Maria hatte die Hoffnung aufgegeben und hielt sich an ihr Versprechen. Gabriels Kleidung lag säuberlich gefaltet in dem großen Koffer. Traurig betrachtete sie die kleinen Hosen und T-Shirts. Das letzte Mal, als sie den Koffer gepackt hatte, war die Welt noch in Ordnung gewesen. Es war vor zwei Jahren gewesen. Alberto war noch bei ihr und die Vorfreude, endlich Frankreich besuchen zu können, war riesig. Es war ein unvergesslicher Urlaub, voller Romantik, Liebe und Sehenswürdigkeiten. Der schönste Urlaub ihres Lebens. Ein halbes Jahr später hatte Alberto seine neue Arbeitsstelle bei einem großen Telekommunikationsanbieter in Belmonte, achtzehn Kilometer entfernt von Palermo, angetreten. Seine Arbeitstage wurden immer länger, bis er Maria schließlich eines Abends mitteilte, die Nacht in Belmonte zu verbringen, da sich die Fahrerei und die Benzinkosten auf Dauer nicht rechnen würden. Die Mutter und Ehefrau hatte die Lüge geschluckt. Sieben Wochen später hängte sie an einem sonnigen Samstag die Wäsche im Garten auf. Dabei entdeckte sie drei Kondome in der Jeanshose ihres Mannes. Was folgte, war eine typische italienische Diskussion. Temperamentvoll, voller Emotionen und in diesem Fall mit einem radikalen Ende. Maria warf Alberto raus und beendete an diesem Abend ihre einundzwanzigjährige Ehe. Jeder Mensch hatte eine rote Linie, eine Grenze, die jegliche Kompromissbereitschaft und Loyalität ausschloss. Für die gläubige Sizilianerin war es der Ehebruch. Sie bereute ihre Entscheidung nicht eine Sekunde.

Die Gegenwart holte Maria wieder ein und sie widmete sich dem geöffneten Kleiderschrank.

Es war eine unruhige Nacht voller Albträume und Unterbrechungen des Schlafs. Der letzte verzweifelte Versuch, gegen sechs Uhr in der Früh einzuschlafen, um nochmals ein paar Minuten Erholung zu ergattern, scheiterte. Maria beschloss, es gut sein zu lassen. Gerädert verließ sie ihr Schlafzimmer und wusch sich das Gesicht mit kaltem Wasser ab. Es half nicht. Der Spiegel zeigte eine übernächtigte und traurige Frau. In wenigen Stunden würden sie und Gabriel das beschützte Nest, das sie nun schon seit mehr als zehn Jahren bewohnten, verlassen. An diesem Tag würden sie ihrem geliebten Dorf Cefalú den Rücken kehren, in der bitteren Ungewissheit, ob sie jemals wieder das einrastende Geräusch des Hausschlüssels in der Eingangstür hören würden. Gabriel freute sich riesig auf den Ausflug nach Palermo. Maria war dankbar, dass ihr Sohn noch in einem Alter war, in dem sie ihm diesen Albtraum mehr oder minder verschleiern konnte. Die Stunden vergingen für Maria viel zu schnell und ehe sie sich versah, klopfte es an der Tür. Es war so weit. Sie erkannte durch das Milchglas der Eingangstür Leonardos Umrisse und öffnete mit bedrückter Miene die Tür. Er hatte den alten Traktor im Schuppen der Iaconellis wieder in Gang gebracht. Wie der Großteil der Einwohner von Cefalú hatte auch das alte Ehepaar nach zehn Tagen das Dorf verlassen, sicherlich mit dem Ziel, in Palermo Antworten oder Hilfe zu finden. Leonardo hatte mit dem Ölmessstab aus seinem Keller den Benzintank des Traktors überprüft. Es war ein Geschenk Gottes, als der dünne Stab angezeigt hatte, dass der Tank des wuchtigen Fahrzeugs randvoll war.

Leonardo nickte Maria freundlich zu, beschloss aber, nichts zu sagen. Er wusste, dass es ihr schwerfiel, und wollte nicht unnötig Öl ins Feuer gießen. Wortlos verlud er die Koffer der beiden in den hinteren Teil des Traktors.

»Palermo, wir kommen! Fahren wir nicht mit unserem Auto, Mama?«, johlte Gabriel fröhlich und betrachtete ehrfürchtig den großen Traktor.

»Nein, Schatz. Heute wird so ein schöner sonniger Tag. Auf dem Traktor können wir doch alles viel besser sehen und bekommen zudem noch frische Luft von allen Seiten«, antwortete Maria und versuchte fröhlich zu klingen.

Langsam schloss sie die Eingangstür ihres Hauses, seufzte leise, setzte ein Lächeln auf und drehte sich um. Sie küsste Gabriel auf die Stirn und wandte sich zu Leonardo, der wortlos am Traktor stand und ihr die Zeit gab, die sie benötigte.

»Du meinst, es ist kein Fehler?«, fragte Maria ihn leise. Gabriel inspizierte währenddessen neugierig die riesigen Reifen des Fahrzeugs.

»Wir sind nun seit über drei Wochen ohne Strom, haben keine Ahnung, was in der Welt da draußen vor sich geht. Dieses Licht wird immer stärker und das eigenartige Geräusch scheint auch nicht mehr abzuebben. Ich habe das Gefühl, dass es intensiver wird. Irgendetwas passiert da draußen. Wir sind wahrscheinlich allein in diesem Geisterdorf, nicht auszudenken, was passieren könnte, wenn hier einmal eine größere Gruppe von Plünderern vorbeikommt. Wir sollten uns auf jeden Fall in eine größere Stadt begeben, nicht nur zu unserem eigenen Schutz, sondern auch, um zu erfahren, was zur Hölle hier eigentlich geschieht.«

Natürlich hatte Leonardo recht und natürlich wusste Maria, dass es auf Dauer in Cefalú zu gefährlich sein würde, sollte dieser Zustand anhalten. Ihre Hoffnung auf ein baldiges Ende dieses Wahnsinns schwand von Tag zu Tag. Sie mussten weg von hier.

Leonardo drehte den Zündschlüssel und der Motor des alten Traktors hämmerte los.

»Yeeeah, auf nach Palermo!«, schrie Gabriel und begann damit, einen Freudentanz um das Gefährt aufzuführen.

»Komm, Schatz, wir müssen los.« Maria bekam Kopfweh und rieb sich die Schläfen.

Der Traktor setzte sich in Bewegung und verließ wenige Minuten später das kleine Dorf Cefalú.

Die Reise mit dem Traktor erwies sich als unbequem und mühsam. Die Spitzengeschwindigkeit von zweiunddreißig Kilometern pro Stunde führte dazu, dass die drei häufig Pausen einlegen mussten, um ihre durchgeschüttelten Hinterteile für einen Moment Ruhe zu gönnen. Das taube Gefühl ihres Pos setzte Maria immer mehr zu. Gabriel genoss die Fahrt in dem lauten Traktor und betrachtete voller Begeisterung das Meer, das während der ganzen Fahrt zu sehen war. Die Reise an der Küste entlang war einsam, eine Tatsache, die dazu führte, dass sich die Mutter mehr und mehr Sorgen machte. Auch in Piana Calzata und Termini Imerese entdeckten sie keine Menschenseele. Und dabei waren es Städtchen, die weitaus mehr Einwohner zählten als Cefalú. Lediglich herrenlose Hunde und Katzen schlichen durch die Straßen und Gassen.

Auf halber Strecke, nahe dem Ort Salina, beschlossen die drei, Mittagspause einzulegen und eine Stunde Rast zu machen. Das Wetter zeigte sich für Mitte Mai von seiner besten Seite und Gabriel quengelte so lange, bis Maria ihm endlich erlaubte, ins Wasser springen zu dürfen. Nachdenklich betrachtete sie ihren herumtollenden Sohn, während sie sich eine vorgekochte Kartoffel aus der Frischhaltebox nahm.

»Möchtest du auch?« Ohne Leonardo anzusehen, hielt sie ihm eine Kartoffel hin, und betrachtete weiterhin ihren plantschenden Sohn. »Hey, willst du auch etwas vo…« Sie drehte ihren Kopf zu Leonardo und brach ihren Satz ab.

Leonardo hielt seine Waffe in der Hand und sah konzentriert hinter Maria. Blitzschnell drehte sie sich um und erkannte, weshalb Leonardo seine Pistole in der Hand hielt. Wenige Meter vom Traktor entfernt stand ein alter, verwahrloster Mann, der stumm ein selbstgemaltes Schild in der Hand hielt. Sein Gesicht war verdreckt und der graue Bart verfilzt. Doch was Maria vielmehr erschrak, waren die weit aufgerissenen Augen des Mannes. Voller Angst starrte er sie an. Sie konnte sich nicht erinnern, jemals solch einen panischen Blick in den Augen eines Menschen gesehen zu haben. Als würde Satan persönlich vor ihm stehen, starrte der unbekannte Mann scheinbar durch die beiden hindurch und ließ sich von der Waffe in Leonardos Hand nicht beeindrucken. Maria löste sich endlich von den Augen des Mannes und blickte auf das Schild, das aus einem Pappkarton und einem abgebrochenen Besenstiel bestand.

> Und ich sah, und siehe, ein fahles Pferd. Und der darauf saß, dessen Name hieß Tod, und die Hölle folgte ihm nach. Ihre Füße laufen zum Tod hinunter, ihre Gänge führen ins Grab.

Als gläubige Christin erkannte Maria die Verse sofort. Langsam stand sie auf und ging einen Schritt auf den Alten zu.

»Bleib stehen, Maria«, zischte Leonardo, der die Waffe auf die Brust des Mannes richtete.

Maria winkte ab und bewegte sich langsam auf den Mann zu. Wenige Meter vor ihm blieb sie stehen und erkannte, dass der Mann nicht auf sie, sondern auf das Meer starrte. Seine Augen waren mit Tränen gefüllt, sein Mund stand einen Spalt breit offen. Wie paralysiert blickte der Mann langsam in Marias Augen, wandte seinen Blick jedoch wieder ab und sah auf das Meer. Verzweifelt schüttelte er den Kopf.

»Ihr könnt laufen, so schnell euch eure Beine tragen. Aber ihr könnt euch nicht verstecken. Nein, das könnt ihr nicht. Das kann niemand«, flüsterte der Mann mit heiserer Stimme und presste seine Hände noch fester um den Holzstiel des Schildes.

Maria beschloss, nicht weiter auf die bedrohlichen Worte des Mannes einzugehen, und rieb sich verwundert die Stirn. Sie atmete aus und realisierte, dass von dem Alten keine Gefahr ausging.

»Nun, wir sind auf dem Weg nach Palermo. Vielleicht erfahren wir dort, welche Fortschritte es wegen des

Stromnetzes gibt. In einer großen Stadt sollte der Informationsfluss doch besser funktionieren als in einem kleinen Dorf«, plauderte sie los und versuchte, das Gespräch auf eine halbwegs normale Ebene zu bringen.

Der alte Mann löste seinen Blick vom Meer und sah in Marias Augen. Nach wie vor herrschten Angst und Panik in seinen Pupillen.

»Ich war in Palermo. Vor acht oder zehn Tagen. Vielleicht ist es auch schon mehrere Wochen her. Ich kann mich nicht mehr genau erinnern. Sie haben gesagt, es sei sicher in Europa. Es sei nur eine Frage der Zeit. Sie haben gesagt, dass der Antichrist in Südamerika den Boden betreten habe. Ihr werdet in Palermo nichts finden. Nichts, was hilfreich ist. Nur Sodom und Gomorra. Ihr könnt euch nicht verstecken. Nein, das könnt ihr nicht.« Er sah ihr tief in die Augen, Maria überkam ein Schauer.

»Wer hat gesagt, dass es sicher ist in Europa? Gibt es in Palermo wieder Strom?«

»Und ob ich schon wanderte, im finsteren Tal, fürchte ich kein Unglück; denn du bist bei mir, dein Stecken und dein Stab trösten mich.«

»Gibt es wieder Strom in Palermo?«

»… und ich sah, und siehe, ein fahles Pferd. Und der darauf saß, dessen Name hieß Tod, und die Hölle folgte ihm nach. Und ihnen ward Macht gegeben, zu töten das vierte Teil auf der

Erde mit dem Schwert und Hunger und mit dem Tod und durch die Tiere auf Erden.«

Maria zog die Augenbrauen nach oben und wandte sich von dem Alten ab. Es ergab keinen Sinn, einen Zugang zu suchen, um mit ihm ein vernünftiges Gespräch zu führen. Leonardo war in der Zwischenzeit aufgestanden und hatte sich wenige Meter hinter sie gestellt.

»Was hat er gesagt?«, flüsterte er, ohne den Alten aus den Augen zu lassen.

»Wir müssen nach Palermo, Leonardo. So schnell es geht. Anscheinend weiß man da etwas.«

Maria gelang es, Gabriel innerhalb weniger Minuten dazu zu überreden, aus dem Wasser zu kommen. Die Versprechungen seiner Mutter, dass es in Palermo einen viel schöneren Strand und Unmengen an Muscheln gebe, ließen den Siebenjährigen neugierig werden und seinen Standpunkt, den ganzen Nachmittag im Wasser zu bleiben, vergessen. Zwanzig Minuten später saßen die drei wieder auf dem unbequemen Traktor.

»Mama, wer ist der Mann?« Gabriel drehte sich um und zeigte mit dem Finger auf den alten Mann.

»Niemand, mein Engel. Er ist niemand.«

Der Traktor setzte sich in Bewegung und der Alte sah den drei Reisenden stumm nach. Leonardo lenkte das Fahrzeug vom Strand weg und auf die Straße, als plötzlich erneut die

Stimme des Mannes erklang. Deutlich verstanden sie seine Worte:

»Der HERR gibt auf dich acht, er steht dir zur Seite und bietet dir Schutz vor drohenden Gefahren. Tagsüber wird dich die Sonnenglut nicht verbrennen, und in der Nacht wird der Mond dir nicht schaden. DREHT UM, KEHRET HEIM. VERGESST EURE GEFÄHRLICHE REISE!«

Er schrie und deutete mit dem Finger auf die unendliche Weite des Meeres.

»Gib Gas, Leonardo, lass uns so schnell wie möglich von hier verschwinden«, flüsterte Maria so leise, dass Gabriel es nicht hören konnte.

Leonardo drückte den Fuß fester auf das Gaspedal und die Mechanik tat, was er von ihr verlangte.

Die Reise nach Palermo dauerte inklusive der etlichen Pausen einen halben Tag. Am 20. Mai, um 13:20 Uhr, bog der Traktor der Iaconellis endlich auf die Hauptstraße, die nach Palermo führte. Leonardo nahm den Fuß vom Gas und betrachtete die Menschen, die unweit von ihnen vor den Toren der Stadt umherliefen und sich unterhielten. Ein normales Bild einer normalen Stadt. An die fehlenden Motorengeräusche der Autos und Motorräder hatte er sich in den zwanzig Tagen ohne Strom bereits gewöhnt. Leonardo schloss die Augen und atmete tief ein. Sosehr dieser katastrophale Zustand die Menschheit erschütterte, so sehr genoss er doch die reine und klare Luft, die von Tag zu Tag besser wurde. Er öffnete die Augen, nahm seinen Fuß von der Bremse und gab wieder Gas. Er parkte den Traktor an einem der vier Stadttore, durch die man in das Zentrum kam. Maria war schon lange nicht mehr in Palermo gewesen, erkannte dennoch die schmalen Gehwege, welche die Straßen der Stadt säumten, wieder. Für sie hatte es etwas Romantisches, die Kathedrale und die Piazza Pretoria wiederzusehen. Viele der alten Gebäude hatten beide Weltkriege fast unbeschädigt überdauert. Dennoch rief Maria sich ins Gedächtnis, dass dies kein Ferienausflug an die Nordküste Siziliens war. Es war die Suche nach Hoffnung, nach Informationen und in allererster Linie nach einer Bleibe für diese Nacht. Maria betrachtete die Menschen auf den Gehwegen. Ein Pärchen ging lachend an ihnen vorbei. Auf der anderen Gehwegseite bahnte sich eine alte Frau mit ihrem Krückstock mühselig ihren Weg.

»Siehst du, Maria? Keine Plünderer, keine brennenden Mülltonnen. Nichts dergleichen«, bestätigte Leonardo ihren Gedanken.

Dennoch traute sie dem Frieden nicht. Wie konnte eine Metropole wie Palermo das Rechtssystem ohne Strom aufrechterhalten? Sie ging zu der alten Frau mit dem Krückstock. Freundlich winkte sie der Alten, die ihr Lächeln erwiderte.

»Verzeihen Sie die Störung. Wir kommen aus Cefalú. Gibt es in Palermo Strom?«, fragte sie.

»Nein, mein Kind. Hier gibt es schon seit fast einem Monat keinen Strom mehr. In den anderen Städten sieht es nicht anders aus. Immer mehr kommen vom Land in die Stadt, aber hier ist es auch nicht besser, Kindchen«, entgegnete die Frau mit gebrechlicher Stimme. Sie nahm ihren Gehstock in die andere Hand, drehte sich um und zeigte auf die Kathedrale Maria Santissima Assunta. »Siehst du den Dom? Dahinter kann man das blaue Licht am besten sehen. Es wird immer stärker und macht die Nacht zum Tag.«

Ein Mann in den Dreißigern näherte sich schnellen Schrittes der Frau und beäugte Maria prüfend.

»Ist alles in Ordnung, Mama?« Sanft berührte er ihre Schulter, doch sein Blick blieb wie der eines Adlers, der seine Beute im Visier hat, auf Maria haften.

»Spinn nicht herum, Matteo. Ich unterhalte mich nett mit der jungen Frau. Du siehst auch überall eine Gefahr.« Die alte Frau lachte krächzend und tippte mit dem Finger an ihre Stirn.

Die Situation war zu amüsant, sodass Maria ihr Kichern nicht mehr zurückhalten konnte und verhalten in das Gelächter der alten Frau einstimmte. Matteo kratzte sich peinlich berührt am Kopf und grinste Maria beschämt an.

»Verzeihen Sie, aber es sind harte Zeiten und immer mehr Menschen drehen durch. Bitte nehmen Sie es nicht persönlich«, murmelte Matteo und streckte Maria die Hand entgegen. »Ich bin Matteo und, wie Sie sicher schon bemerkt haben, ist das meine geliebte, wenn auch etwas sonderbare Mama.«

Die alte Frau, die immer noch herzhaft lachte, klopfte mit ihrem Krückstock sanft auf den linken Schuh ihres Sohnes.

Maria winkte Gabriel und Leonardo zu sich. Nach einer halben Stunde des Kennenlernens und Marias Ausführung, woher sie kamen und was sie sich erhofften, zu finden, lud die Alte, deren Vorname Emilia war, sie ein, in ihrer Wohnung zu übernachten.

Die kleine Wohnung am Stadtrand Palermos bot keinen Luxus, dennoch war Maria froh und dankbar, mit ihrem Sohn nicht unter freiem Himmel schlafen zu müssen. Der Abend brach herein und die Sonne wich dem blauen Licht am Firmament.

Matteo erwies sich als lustiger und hilfsbereiter Mann, der sein Geld als Aufzugsmonteur in Palermo verdiente. Zumindest vor dem großen Stromausfall. Wie fast jeder andere Beruf der heutigen Zeit war auch seine Aufgabe ohne Elektrizität sinnlos geworden. So hatte der Mann mit dem Pferdeschwanz damit begonnen, auf dem Balkon seiner Mutter Gemüse und Obst anzupflanzen. Matteo war davon überzeugt, dass der Tag kommen würde, an dem die Sonne den Kampf gegen das bedrohliche Blau verlieren würde. Der Hobbyastronom erklärte seinen neuen Bekannten an diesem Abend, dass er den

Eindruck bekommen habe, dass das blaue Licht die Sonnenstrahlen dämpfen und auf ominöse Art und Weise nicht mehr durchlassen würde. Zwar scheine es, als wäre der Tag normal und nur die Nacht eigenartig blau beleuchtet, doch ein Blick durch sein Teleskop habe ihn eines Besseren belehrt. Matteo war in seinem Element und erzählte fast eine halbe Stunde, scheinbar ohne Luft zu holen, dass der Sonnenfilter in Verbindung mit einem starken UV-Sperrfilter ihm gezeigt habe, wie das blaue Licht auch tagsüber zunehmend an Kraft gewann. Es sei nur eine Frage der Zeit, bis das blaue Licht, das seiner Meinung nach aus Osten komme, den Tag so blau erleuchten würde wie heute schon die Nacht.

Maria und Leonardo bedankten sich für das üppige Abendessen, das aus Radieschen, Tomaten, Brot und Gurken bestand. Die Wochen ohne Strom hatten das Essverhalten der Menschen verändert, dennoch wünschte sich Leonardo seit Tagen nichts sehnlicher als eine Pizza oder ein Steak. Gabriel fielen schon bei seinem letzten Bissen in sein Gurkenbrot die Augen zu, sodass Maria ihn in Emilias kleines Bügelzimmer brachte und ihn auf der Luftmatratze liebevoll zudeckte. Gabriel war zu geschafft, um seiner Mutter auf die Frage, ob er es bequem habe, zu antworten.

Maria ließ die Tür einen Spalt offen und ging zurück zum Balkon, auf dem Leonardo, Matteo und Emilia es sich auf Holzstühlen gemütlich gemacht hatten. Vier mit Rotwein gefüllte Gläser standen auf einer umgedrehten Obstkiste. Maria setzte sich und griff dankbar eines der Gläser. Schweigend blickten die vier in den blau schimmernden Himmel.

Leonardo schwenkte den Rotwein gedankenverloren hin und her, als er wieder die Vibration in seiner Magengegend spürte. Er blickte zu Emilia, die sein Gefühl mit einem Nicken bestätigte. Er war also nicht verrückt geworden. Trotz der Tatsache, dass Maria und Gabriel ihm das Gefühl und dieses Brummen bestätigt hatten, tat es gut, auch die Zustimmung von fremden Menschen zu bekommen.

Maria unterbrach die Stille: »In der Nähe von Salina haben wir einen Verrückten getroffen. Er hat uns erzählt, dass der Antichrist Südamerika betreten habe. Er faselte wirklich seltsames Zeug. Wisst ihr, was er damit gemeint hat? Oder war es einfach nur eine verwirrte Seele?«

Matteo stellte sein Weinglas auf die kleine Kiste, stand auf und sah auf die Dächer Palermos. Hinter der Stadt erhob sich der Monte Pellegrino, der Matteo schon seit seiner Kindheit ein starkes Gefühl von Geborgenheit vermittelte.

»Im Norden Palermos lebt ein Mann, ein leidenschaftlicher Amateurfunker. Er war in jungen Jahren ein erfolgreicher Möbeldesigner und hat sich mit Mitte Vierzig zur Ruhe gesetzt. Franco ist ein Eigenbrötler, ein seltsamer, aber im Grunde genommen feiner Kerl. Auf seinem Anwesen hat er alles, was er zum Überleben braucht. Strom, einen Brunnen, Solarzellen.

Nun zahlt sich seine Prepperleidenschaft aus. Vor knapp zwei Wochen war er hier auf dem Marktplatz und hat völlig außer sich erzählt, dass er mit einem Mann in Südamerika gefunkt habe. Franco spricht eigentlich nicht gern mit anderen Menschen, vor allem nicht mit so vielen, aber damals hat man seinen Redefluss kaum stoppen können. Ihr hättet seinen Gesichtsausdruck sehen sollen. Es spiegelte die nackte Angst.« Matteo erzählte, ohne den Blick vom Himmel zu lassen.

An diesem Abend hatte Franco Wein getrunken. Viel Wein. Betrunken war er nicht, doch war das Pensum ausreichend, um den Alkohol im Kopf zu spüren und den Wahnsinn, der über die Welt gekommen war, für wenige Stunden zu vergessen. Kurzerhand warf er seine ansonsten besonnene Art über Bord und schaltete den Stromgenerator an, wissentlich dass sein Benzin nur noch für maximal dreißig Stunden ausreichen würde. Doch was hatte er zu verlieren? Die Menschheit ging vor die Hunde und der Alkohol tat den Rest, um für diesen Abend die Sorgen und die Einsamkeit vergessen zu wollen. Pfeifend betrat er sein Wohnzimmer, schaltete das Licht ein und aus. Franco betrachtete kichernd die Glühbirnen, die das taten, was vor Wochen noch eine Selbstverständlichkeit gewesen war. Das Licht ging an und erlosch wieder. Der Mann mittleren Alters setzte sich an seinen Schreibtisch und schaltete das Amateurfunkgerät an. Die Dioden leuchteten auf und die

Lautsprecher rauschten. Franco hoffte nicht wirklich darauf, mit jemandem zu sprechen, es war für diesen Abend, für diesen Moment eher ein Zeitvertreib, der ihn ein wenig in die Normalität seines vergangenen Lebens zurückbringen sollte. Grinsend schaltete er den Brenner ein. Dabei erinnerte er sich an den Besuch der Polizei vor vier Jahren. Die Polizisten hatten ihm verboten, dieses illegale Gerät zu nutzen, da es den öffentlichen Funkverkehr störe. Der Brenner war nichts anderes als ein zusätzliches Gerät, das die Reichweite des Funkgerätes verbesserte und somit die anderen Kanäle durch seine Übersteuerung störte. Es war ihm egal. Franco musste lachen, wen oder was sollte er jetzt noch stören? Den Polizeifunk oder die vorbeifliegenden Passagiermaschinen? Er drückte den Knopf seines kleinen Tuningbabys und hörte, wie die Lüfter anfingen, ihre Arbeit zu machen. Franco schenkte sich Wein nach, setzte seinen Kopfhörer auf und nahm sein Mikrofon in die Hand. Er schaltete auf die UKW-Frequenz und drückte den Knopf seines Mikros. Die kleine rote Lampe auf dem Display seiner teuren Funkstation begann zu leuchten. Er war on air. Franco hielt den Knopf gedrückt und rieb sich das Kinn. Er nahm noch einen Schluck zu sich und stellte das Glas vorsichtig ab.

»Hey, ihr da draußen. Vielleicht kann mich ja jemand hören. Verrückte Zeiten, nicht wahr?«

Er ließ die Mikrofontaste wieder los und lauschte dem nichtssagenden Rauschen aus den Lautsprechern. Wie erwartet bekam er keine Antwort. Franco wechselte die Frequenz und versuchte es erneut.

»Es ist schon lustig. Vor einem Monat musste man sich hier noch einen freien Kanal suchen und nun rede ich mit mir selbst in der Hoffnung, dass mich irgendjemand da draußen hört. Heilige Scheiße, was ist nur mit uns passiert? Ich glaube, wir haben es diesmal richtig verkackt, was?«

Er wartete einen Moment und betrachtete das kleine schwarze Display, das bei einem Geräusch ausschlagen und ihm Signalstärke anzeigen würde. Wieder lauschte er dem Rauschen und Knacken, das über den Äther in seine Lautsprecher gelangte.

»Verdammt … kommt schon. Einer von euch wird doch noch wach sein oder mit seinem Truck irgendwo in Sizilien Tomaten umherfahren?«

Franco lachte und blickte wieder auf das tote Display. In dem Moment geschah es: Ein kleiner grüner Balken schoss kurz in die Höhe und verschwand wieder. Franco rieb sich seine Augen. Er war sich nicht sicher, ob er es mit dem Wein übertrieben oder tatsächlich ein Signal empfangen hatte.

»Hey, ist da jemand?« Sein Blick haftete auf der Anzeige. Da war es wieder. Für den Bruchteil einer Sekunde schoss der grüne Balken nach oben und verschwand.

»Du musst was sagen, mein Freund! Ich krieg ein Signal rein, aber keinen Ton. Over.«

Er legte das Mikro auf seinen Schreibtisch und betrachtete das Display. Franco sprang auf, drehte sich einmal um die eigene Achse, fuhr sich durch die Haare und setzte sich wieder. Der grüne Balken schoss nach oben und blieb bei fünfzig Prozent stehen.

»Kannst du mich hören? SOS. Wir brauchen Hilfe.«

Francos Herz blieb für einen Moment stehen. Klar und deutlich hörte er die männliche Stimme aus seinen Lautsprechern. Hastig griff er nach seinem Mikrofon und warf dabei sein halbleeres Glas Wein um.

»Ich höre dich! Was ist passiert? Woher kommst du?«

»Ich bin im Tower des Puerto Williams Airport. Bist du aus Santa Cruz oder näher?«

Francos Hand, in der er das Mikrofon hielt, senkte sich langsam. Er öffnete seinen Mund und konnte nicht glauben, was er gerade gehört hatte. Lag Santa Cruz nicht in Amerika? Nein, das konnte nicht sein, so weit würde seine Funkstation trotz Brenner niemals senden.

»Wir reden aber nicht von Santa Cruz in Südamerika, oder?«

»Natürlich Südamerika. Was soll die Frage? Kommst du aus Santa Cruz? Wir brauchen Hilfe!« Der Mann klang ernst und Franco hat keinen Zweifel daran, dass sein Gesprächspartner am anderen Ende der Leitung die Wahrheit sagte.

»Mein Freund, ich lebe in Italien. Wie viele Kilometer trennen uns? Elftausend? Das kann unmöglich sein.«

»Ach du Scheiße. Ich weiß nicht, was sein kann, vielleicht weil es auf diesem gottverdammten Planeten gar keinen Funkverkehr mehr gibt. Vielleicht liegt es an der Veränderung in der Atmosphäre. Ich bin kein verdammter Techniker. Wir brauchen Hilfe, und zwar schnell.« Die letzten Worte hatte der Mann ins Mikro geschrien.

»Was ist denn los bei euch? Gab es einen Unfall? Habt ihr Strom?« Mit einem Male hatte sich der wohlige Rotweinnebel in Francos Kopf aufgelöst. Er fühlte sich wach und nüchtern, als hätte er eine kalte Dusche genommen.

»Strom? Nein, die Station läuft mit dem letzten bisschen Strom, den unsere Generatoren noch erzeugen. Mein Freund aus Isla Lennox, an der östlichen Küstenspitze, hat sie gesehen. Er saß in einem Leuchtturm und hatte mit mir gefunkt. Ich habe gehört, wie sie ihn getötet haben. Es wird nicht lange dauern, bis sie auf dem Festland sind. Wir brauchen Hilfe! Die Armee, das Militär, irgendwelche Waffen.«

»Wer hat ihn getötet? Plünderer?«

Für einen Moment blieben die Dioden schwarz und er hatte die Befürchtung, den Kontakt zu dem Unbekannten verloren zu haben. Nach einer unendlich langen Minute verstummte das Rauschen endlich und der Mann fragte: »Du weißt nichts davon?«

»Ich habe keine Ahnung, wovon du redest. Wer hat deinen Freund getötet?«

»Sie sind da. Sie sind über die Antarktis gekommen. Sie sind den ganzen Weg geschwommen. Die ganzen verdammten sechstausend Kilometer sind sie geschwommen! Verstehst du mich?! Er hat sie kommen sehen, dachte anfangs, es handele sich um Robben, bis sie fast auf Isla Lennox waren. Wir hatten Funkkontakt, er schrie in sein Mikrofon, dass es Tausende Menschen seien, die auf seine Insel kommen. Danach wurde er ganz hysterisch, hat gelacht und geweint. Das Letzte, was er sagte, war, dass sie auf den Händen gehen. Dann hat er geschrien, im Hintergrund war ein Geräusch, als würde ein Motor nicht anspringen oder so etwas. Wie das Klackern eines kaputten Getriebes. Mein Gott, diese Schreie waren schrecklich. Schließlich brach die Verbindung ab. Er ist tot, das weiß ich. Mein Kollege Fernandez hat von dem Tower am Flughafen einen dunklen Schwarm entdeckt, der sich dem Beagle-Kanal nähert. Sie schwimmen weiter, sie kommen. Ich habe es mit eigenen Augen gesehen. Ein riesiger Schwarm schwimmender Wesen nähert sich Chile. Das sind sicherlich tausend oder mehr. Das sind keine Menschen. Das sind Monster.«

»Und diese Menschen sollen den ganzen Weg von der Antarktis über den Atlantik geschwommen sein?« Franco zog die Augenbrauen nach oben.

»Es sind keine Menschen. Sie kommen aus dem grellen Licht.«

»Du meinst den blauen Schimmer? Den sehen wir nachtsüber in Palermo auch.«

»Oh nein. Es mag sein, dass es auf der anderen Seite der Erdkugel ein Schimmer ist. Hier in Chile strahlt dieses Licht mit einer unglaublichen Stärke. Die Menschen hier haben Fenster, Türen und jegliche Ritzen mit Holzlatten und Kartons verschlossen. Es blendet so sehr, dass es in den Augen schmerzt. Tag und Nacht sind gleichermaßen mit dem blauen Licht erfüllt. Das Sonnenlicht erreicht uns seit vierzehn Tagen nicht mehr. Es gibt keinen Tag mehr, auch keine Nacht. Das helle Licht hat alles vereint. Der ewige Tag ist bei uns angekommen. Aber am schlimmsten ist dieses Brummen, diese unerträgliche Vibration, die dich fast dazu zwingt, deine Augäpfel aus deinen Augenhöhlen zu reißen. Es schmerzt so sehr. Dieser Druck ist unmenschlich. Ich denke, wir haben noch einen Tag, vielleicht zwei. Dann wird dieser Schwarm hier an Land kommen und dann gnade uns Gott. Wir können durch die Ferngläser die Spitze des Schwarms, jedoch nicht das Ende sehen. Es müssen Abertausende sein. Betet für uns in Italien, ich denke, wir werden …«

Das war das Letzte, was Franco von dem Mann hörte. Der Funkkontakt brach ab. Er versuchte in dieser Nacht noch stundenlang, Kontakt mit dem Fremden aus Chile aufzunehmen, doch das kleine Display auf seiner Funkstation blieb schwarz. Er hatte ihn verloren.

»Oh mein Gott.« Marias Hände zitterten. Sie setzte das Glas ab.

Matteo drehte sich zu ihr um und sah ihr ernst in die Augen. »Es ist die Wahrheit. Ich kenne Franco schon seit meiner Kindheit. Er erzählte an diesem Tag auf dem Markt, dass er es die Nächte danach immer wieder versucht habe, sich der Mann aber nicht mehr gemeldet habe. An diesem Tag hat sich Franco mit so vielen Lebensmitteln eingedeckt, dass er sie kaum noch tragen konnte. Er sagte, er würde sein Haus nicht mehr verlassen und mit seinem Teleskop Tag und Nacht Ausschau nach dem Schwarm, wie er es nannte, halten. Es war wirklich verstörend, diesen ruhigen Zeitgenossen so aufgebracht zu erleben.«

»Haben die Menschen auf dem Markt ihm denn geglaubt?« Leonardo zweifelte und Matteo konnte es ihm nicht übelnehmen.

Matteo ging einen Schritt auf Leonardo zu und blickte dem Fünfzigjährigen tief in die Augen.

»Wie heißt doch gleich dieser eine Spruch? Glaubwürdigkeit und Respekt erlangst du nicht durch das, was du sagst, sondern durch das, was du tust. Franco ist ein Eigenbrötler, hat aber immer sein Wort gehalten. Seitdem ich denken kann. Von daher stellt sich die Frage, ob jemand seine Worte anzweifelt, nicht. Nein, Leonardo, keiner hat gelacht, keiner hat gemurmelt. Der Markt war still und hörte ihm zu.«

Leonardo schluckte. Und mit einem Mal glaubte er die Geschichte seines jungen Gastgebers. Vielleicht lag es an der Kraft in Matteos Stimme, vielleicht an der mühseligen Reise nach Palermo oder dem guten Rotwein, aber an diesem Abend schien ihm das blaue Licht über der Kathedrale von Palermo stärker und kraftvoller zu scheinen, als es in Cefalú jemals der Fall gewesen war.

Maria tat in dieser Nacht kein Auge zu und beschloss, Leonardo am nächsten Morgen davon zu überzeugen, zurück in ihr Dorf zu kehren. Es fühlte sich nicht richtig an, in einer Großstadt zu sein. Sollte die Geschichte von Franco stimmen, waren sie und Gabriel auf dem Land geschützter als auf dem großen Tablett einer Metropole.

There's a millions mouths to feed. I've got everything
I need
I'm breathing
Hey hey I saved the world today
Everybody's happy now
The bad things gone away
And everybody happy now
The good thing's here to stay
Please let it stay
Please let it stay

Das Licht des kleinen MP3-Players erlosch. Das Lieblingslied seiner Lieblingssängerin Annie Lennox fand abrupt sein Ende. Traurig blickte er auf die kleine Lampe seines Players. Sie war aus und er wusste, dass sie es für sehr, sehr lange Zeit bleiben würde. Er nahm die Ohrhörer heraus, wickelte sie um das eckige Kästchen und steckte es in seine Hosentasche.

»Kein Strom, keine Mucke. Was für beschissene Zeiten«, murmelte er und widmete sich der letzten ausgedruckten Mail von Ende April. Immer wieder hatte er die Zeilen von Dr. Rewcliff gelesen, immer wieder vergeblich versucht, etwas zwischen den Zeilen zu finden. Das Nasa Space Weather Prediction Center war von dem globalen Kollaps des Stromnetzes genauso überrascht worden wie die Konföderation der Vereinten Nationen. Davon war er überzeugt. Dennoch hoffte er, einen Hinweis in dem fünfseitigen Manifest zu finden. Doch außer der öffentlichen Kritik an dem viel zu langsamen Handeln der Konföderation und den Bedenken, etwas heraufzubeschwören, das unkontrollierbar werden könnte, fand der Wissenschaftler aus New York nichts. Dr. Rewcliff hatte seine letzte Mail nach dem Bekanntwerden des übersehenen Wolkenkranzes in der Antarktis an alle Menschen geschickt, die jemals mit ihm gearbeitet hatten. Die Anklageschrift des renommierten Doktors widersprach den Geheimhaltungsvereinbarungen des FBI und der NASA. Dr. Rewcliff musste geahnt haben, dass es keine Rolle mehr spielen würde, sich an irgendwelche Regularien zu halten. Marks Augen wanderten wieder zu dem Absatz auf Seite drei. Er konnte sich nicht erinnern, wie oft er diese Zeilen schon gelesen hatte, doch diese Sätze trafen den Nagel auf den Kopf und waren an diesem 21. Mai mehr als aktuell. Er hatte recht behalten. Mit jedem einzelnen Satz seiner Brandrede.

> Es ist mir durchaus bewusst, dass diese Informationen nicht für alle Personen auf diesem Verteiler zugänglich gemacht werden dürfen. SIE haben versagt, nicht wir.
> SIE haben die Informationen, die wir Tag und Nacht ausgewertet haben, nicht effektiv verarbeitet.
> SIE, die KA – Konföderation Atmosphäre – mit all Ihren Vorsitzenden, Präsidenten und Gremien sämtlicher Länder haben das getan, was Sie von jeher getan haben: Ihren Job vernachlässigt und sich auf die nächste Sitzung, die nächste Debatte oder Abstimmung vorbereitet, anstatt zu HANDELN.

> Ich habe Mortensen den Zugang zur NASA aufgrund Ihrer Anordnung ermöglicht. Doch ich war es auch, der Ihnen sagte, wie gefährlich dieser Mensch sei. Meine Bitte, diese Person auf keinen Fall ohne bewaffnete Eskorte in die Kommunikationszentrale zu lassen, wurde ignoriert. Es spielt keine Rolle mehr. Der Präsident der Vereinigten Staaten und Vorstandsvorsitzender der Konföderation Thomas Midler hat versagt. Und mit ihm alle Mitglieder der Konföderation.
> Mit dieser Schuld müssen Sie jetzt leben.

»Mit dieser Schuld müssen Sie jetzt leben«, wiederholte Mark Allison laut die letzten Worte des Absatzes.

Mitchell Crowley betrat den Raum. Seit dem Stromausfall hatten sich die beiden mit einer Handvoll anderer Mitarbeiter des FBI in der Zentrale des Geheimdienstes verbarrikadiert. Den ursprünglichen Notfallplan, den das FBI für Angriffe und Kriegsausbrüche vorsah, hatte Crowley kreativ umgewandelt. Es gab genug zu essen und zu trinken, zumindest für eineinhalb Monate. Crowley wurde angesichts des anhaltenden Zustandes zunehmend nervöser. Hatten sie doch schon den 21. Tag hinter sich gebracht und nichts schien sich zu ändern. Der Status quo beunruhigte auch Mark, doch der Wissenschaftler aus New York hatte seine eigene These, weshalb die Menschheit ohne Elektrizität war.

»Es wird nicht mehr lange dauern, Crowley. Da bin ich mir ganz sicher.« Mark grinste den FBI-Agenten, in dem er mittlerweile einen Freund gefunden hatte, selbstbewusst an.

»Das sagt du nun schon seit zehn Tagen und wie du siehst, leuchtet diese verfluchte Neonröhre über uns nicht. Was macht dich so sicher, dass es sich ändern wird?«

»Ich bin mir sehr sicher, dass der Grund dieses globalen Ausfalles bei der Sonne zu suchen ist.«

Crowley zog seine Augenbrauen verwundert nach oben und sah Mark irritiert an.

»Lass es mich in einfachen Worten erklären. Die Erde hat eine Atmosphäre und dieser Planet, auf dem Michael gefangen war, hatte logischerweise auch eine. Eine sphärische Zusammensetzung, die wir nicht einmal im Ansatz kennen. Da es nun zu einer Vermengung verschiedener atmosphärischer Konstellationen kam, und davon bin ich überzeugt, hat sich dies gravierend auf die Aktivitäten der Sonne ausgewirkt. Die Sonneneruptionen haben immens zugenommen. Dass Sonnenstürme Einfluss auf unser elektromagnetisches Feld haben, ist nichts Neues. Doch wenn diese Stürme durch die Veränderung unserer Atmosphäre um ein Vielfaches verstärkt werden, kann das zu einem globalen Blackout führen. Klingt nicht so abwegig, oder?«

Für Mitchell klang es logisch, dennoch gab es keinerlei Beweis für Marks These.

»Selbst wenn es so wäre, ist der Zeitraum für diesen Blackout viel zu lange«, murmelte Crowley.

»Keineswegs. Bei so einer gravierenden Veränderung können Sonnenstürme zwischen zwei Wochen und einem halben Jahr anhalten, bis sich unsere gasförmige Hülle an den neuen Zustand gewöhnt hat und das elektromagnetische Feld nicht mehr gestört wird.«

»Ein halbes Jahr? Grundgütiger, bis dahin haben sich die Menschen gegenseitig zerfleischt.«

Kaum hatte Mitchell seinen Satz beendet, passierte etwas, was der erfahrene FBI-Agent bis zum Ende seiner Tage nie wieder vergessen sollte. Niemand sollte diesen Moment jemals wieder vergessen. Die Mikrowelle in der Küche der FBI-Kantine, in der sich die beiden befanden, begann leise zu piepen und signalisierte mit dem Blinken der Uhr ihre Bereitschaft. Perplex sahen die beiden Männer mit halboffenen Mündern auf das Elektrogerät.

»Siehst du das auch oder drehe ich jetzt komplett durch?«, fragte Mark leise.

»Sie blinkt. Die gottverdammte Mikrowelle blinkt!«, schrie Crowley und eilte zum Lichtschalter. Er drückte den Knopf und mit dem leisen Surren, das er schon fast vergessen hatte, strahlte die Neonröhre über ihm in ihrem sterilen Glanz.

Mark und Crowley beäugten das Licht, als hätten sie nie zuvor so etwas Wunderschönes gesehen.

»Wir sind wieder da … WIR SIND WIEDER DA!«, schrie Mark euphorisch los und umarmte Crowley.

In den Gängen des FBI-Gebäudes piepte und surrte es aus allen Zimmern. Nach unendlich langen einundzwanzig Tagen meldeten sich die elektronischen Geräte zurück.

Die acht verbliebenden FBI-Agenten versammelten sich um den großen Fernseher im Meetingraum. Doch weder Funk noch Fernsehen funktionierte, auch eineinhalb Stunden nach der Rückkehr der Elektrizität tat sich nichts.

»Es dauert wohl, bis sie alles wieder …« Weiter kam der kleinwüchsige Mitarbeiter mit dem Piercing in der Augenbraue nicht, denn Mark unterbrach ihn.

»Ich habe wieder Netz.« Mark hielt sein Handy, das immer noch am Ladekabel hing, in die Höhe.

»Es wird. Gebt dem Ganzen etwas Zeit. Die Menschen müssen sich erst wieder neu ordnen. Hey, ich mach uns mal einen frischen, heißen Kaffee«, warf Crowley ein und erntete Gelächter.

Mitchell machte drei Kannen Kaffee und betrachtete nachdenklich, wie sich das heiße Wasser in köstlichen Kaffee verwandelte. Er war überrascht darüber, wie dankbar und glücklich er sich fühlte, als Tropfen für Tropfen in die Kaffeekanne fiel. Die letzten Wochen hatten ihn gelehrt, für Kleinigkeiten dankbar zu sein und nichts als Selbstverständlichkeit hinzunehmen.

Den Vormittag verbrachten die Angestellten bei einer Unmenge Kaffee und Tee, ohne den Schnee auf dem Display aus den Augen zu lassen. Mark hatte zwischenzeitlich versucht, Martin und Christine zu erreichen, doch das Funknetz war nicht stabil genug. Immer wieder verschwanden die Balken auf seinem Smartphone, um wenige Sekunden später erneut einen vollen Ausschlag zu signalisieren. Um 13:40 Uhr bulgarischer Zeit verschwand plötzlich der Schnee auf dem Display und das Störbild eines amerikanischen Nachrichtensenders erschien. Die Gespräche in dem Meetingraum verstummten, gebannt betrachteten die Geheimdienstagenten das Standbild, das nach zwei Minuten verschwand. Eine lächelnde Moderatorin erschien. Der Bluescreen im Studio schien noch nicht zu funktionieren, sodass Kabel, Scheinwerfer und die Hälfte einer weißen Wand den Hintergrund der Sprecherin im Bild zierten.

»Guten Abend, meine Damen und Herren. Hier spricht Monica Amnon von KBB News. Der größte Stromausfall in der Menschheitsgeschichte scheint überwunden. Wir sind wieder für Sie da.« Freudentränen glänzten in den Augen der Moderatorin. Sie lachte gelöst in die Kamera.

Die acht FBI-Agenten im Herzen von Sofia brachen in Jubel aus, die Angestellten lagen sich in den Armen, johlten und feierten die Rückkehr der Zivilisation.

»Ich weiß, dass viele von Ihnen seit fast einem Monat nicht nach Hause konnten, nicht wissen, wie es den Liebsten ergangen ist. Der Stromausfall verhinderte weltweit das Reisen mit Bus und Bahn. Tanken war nicht mehr möglich, die Schiffe verließen den Hafen nicht mehr. Sie können bald nach Hause kehren. Wir arbeiten daran, die Leitungen zu stabilisieren, und werden Ihnen einen Kurzfilm einspielen, um die Zeit zu überbrücken. Verzeihen Sie meine emotionale Rede, aber ich bin verdammt froh, wieder vor der Kamera zu stehen und mit Ihnen zu sprechen. Verdammt, das bin ich wirklich.«

Monica Amnon wischte sich die Tränen aus den Augen und eine Dokumentation über die Entstehung und Pflege der Golden Gate Bridge begann. Letztendlich war es egal, was der Sender ausstrahlte. Allein die Tatsache, bewegte Bilder im Fernsehen zu betrachten, löste bereits Freude aus.

Mark blickte wieder auf sein Handy. Seit zehn Minuten schien sich das Funknetz stabilisiert zu haben, zumindest machte es nicht mehr den Eindruck, als würde sein Smartphone erneut auf Netzsuche gehen. Er öffnete seinen Messenger und suchte den Chatverlauf mit Martin Luber.

Martin Luber: zuletzt online 30.4. 22:57 Uhr
Kannst du das lesen, alter Freund?

Offenbar war das Funknetz in Deutschland noch nicht stabil genug. Allison betrachtete noch eine Weile Martins WhatsApp-Status und legte dann sein Handy auf den Tisch. Er würde sich melden, wenn ihn die Nachricht erreichen würde. Dennoch beschlich Mark Allison ein seltsames Gefühl.

Die Reportage plätscherte vor sich hin. Gespannt warteten die Zuschauer vor den Fernsehgeräten darauf, dass sich Monica Amnon wieder melden würde. Vielleicht mit Neuigkeiten aus dem Weißen Haus, vielleicht sogar mit Bildern von jubelnden Menschen in den verschiedenen Hauptstädten dieses Planeten.

Hallo Mark. Willkommen zurück, mein Freund. Ich habe schon versucht dich anzurufen, aber das Netz ist überlastet. Lass es uns heute Abend versuchen, okay?

Er war am Leben und es ging ihm offensichtlich gut. Mark war erleichtert und dennoch wollte das seltsame Gefühl in ihm nicht weichen. Er bestätigte Martins Vorschlag und wandte sich wieder dem Fernseher zu.

Zur großen Enttäuschung aller meldete sich die Moderatorin zwischen den Reportagen immer wieder mit nichtssagenden Worten zurück, bat um Geduld und kündigte die nächste Dokumentation an. Gegen zwanzig Uhr verließ Mark den Meetingraum und machte sich auf den Weg in sein Zimmer, einen umfunktionierten Verhörraum mit einer Matratze, einem kleinen Röhrenfernseher, einem Stuhl und einem Schreibtisch. Die karge Einrichtung glich eher einer Zelle als einem Wohnraum. Im Laufe der Zeit hatten die Angestellten gelernt, jeden Raum so effektiv wie möglich zu nutzen und umzugestalten. Allison ließ sich auf seine Matratze fallen, betrachtete das Handy und wählte die Nummer von Martin Luber. Es waren etliche Stunden vergangen, seitdem die Elektrizität wieder da war. Vielleicht hatte der erste Ansturm nachgelassen und es war möglich, eine freie Leitung zu ergattern.

»Hey Mark, alles klar bei dir?«

Allison erschrak. Es waren nur sechs Worte, die Luber von sich gegeben hatte, aber der resignierte Unterton in dessen Stimme löste bei Mark eine Gänsehaut aus.

»Martin, was ist los? Freust du dich nicht, mich wiederzuhören? Geht es euch beiden gut?«

»Natürlich freue ich mich. Was ist das für eine Frage? Ja, wir leben noch, es war schwer die letzte Woche … wirklich schwer. Alles schien mehr und mehr außer Kontrolle zu geraten, ich wurde vor ein paar Tagen im Supermarkt wegen einer Dose Bohnen schlimm verprügelt. Offenbar hatten es zwei Männer auf die gleiche Mahlzeit abgesehen. Alles ist soweit wieder verheilt. Mit dem Strom sollte auch wieder Ruhe und Ordnung einkehren.«

Etwas stimmte nicht mit Martin Luber. Mark konnte es fühlen, es hören und dennoch entschied sich der Wissenschaftler, erst einmal nichts zu sagen. Das Gespräch der beiden Männer sollte erst einmal an Fahrt aufnehmen. Er war sich sicher, dass sich sein eigenartiges Gefühl bald legen würde.

»Diese Zeiten sind hoffentlich vorbei. Das Internet scheint sich noch nicht vom Absturz erholt zu haben, zumindest funktionierte vor einer Stunde noch keine Seite. Ich denke, es wird bestimmt bis morgen dauern, bis alles wieder so ist, wie es vor dem ersten Mai war.«

Mark begann die Unterhaltung mit seinem Freund zu hassen. Was taten sie da? Sich über das Wetter unterhalten? Zwanglos über die neuesten Fußballergebnisse lamentieren? Wenn Mark etwas abgrundtief verabscheute, war es nichtssagender, zeitraubender Smalltalk.

»Ja, wahrscheinlich ist morgen alles wieder gut«, antwortete Martin knapp.

»Was soll das? Was ist los mit dir?« Allison hatte es sich vorgenommen, sich kurzzeitig wirklich bemüht, aber es funktionierte nicht auf der künstlichen Ebene, auf der sich die beiden Freunde befanden.

»Was meinst du?«

»Was ist los in Deutschland? Was ist passiert? Du klingst abwesend, irgendwie verängstigt.«

Martin antwortete eine Weile nicht, sodass Mark auf sein Handy blickte. Die Leitung stand und der Sekundenzähler tickte konstant vor sich hin. Luber seufzte leise, suchte offenbar nach den richtigen Worten. Mark ließ ihm Zeit, sagte nichts und lauschte den regelmäßigen Atemgeräuschen von Martin Luber.

Endlich durchbrach Martin die angespannte Stille und räusperte sich.

»Nun, ich habe mich heute Vormittag wahnsinnig gefreut, als das Licht im Wohnzimmer anging und Christines nerviger Kühlschrank endlich wieder dieses pfeifende Geräusch von sich gab. Dieses Ding hat mich schon um so viele Stunden Schlaf gebracht. Aber egal. Wir haben in der Wohnung getanzt, gesungen und waren guter Dinge, dass sich alles wieder normalisieren würde. Trotz dieses nervigen blauen Lichtes in der Nacht. Eigentlich hätten wir es besser wissen müssen, Mark. Eigentlich sollte man immer auf sein Bauchgefühl hören …«

»Martin, was ist denn passiert? Das blaue Licht ist sicherlich eine Anomalie in der Atmosphäre. Wenn die Lichtstreuung durch die Gasmoleküle in der Troposphäre …«

»NEIN, MARK. Keine physikalische Erklärung, keine wissenschaftliche Begründung. Hier geht etwas vor sich, das ganz und gar nicht wieder weggeht, sich auflöst oder sonst etwas. Verstehst du?«, keifte Luber in den Hörer.

Mark erschrak. So gereizt hatte er Martin noch nie erlebt.

»Gut, was ist es dann?«, fragte Allison und rieb sich währenddessen entnervt die Augen.

»Ich hatte erwartet, dass du mir das sagen kannst. Wer von uns beiden sitzt denn an der Quelle aller geheimen Operationen und Entscheidungen, von denen die Masse nichts erfahren darf?«, zischte es durch den Hörer.

»Hör mir gut zu, Martin, und glaube es oder lass es bleiben. Wir hier in Sofia wissen genauso viel wie du. Falls du es vergessen haben solltest, ist auch bei uns der Strom ausgefallen. Entweder du sagst mir jetzt endlich, was Sache ist, oder wir telefonieren einfach wieder, wenn du dich beruhigt hast. In Ordnung?«

Mark verlor die Geduld bei diesem Spiel, das er nicht verstand. Er fühlte, dass Martin über seine Worte nachdachte, und hoffte, dass sein Freund den Kurs wechseln würde. Es gab keinen Grund, ihn anzulügen. Die beiden hatten sich in einer Zeit kennengelernt, in der die Welt bereits aus der Bahn geworfen worden war. Mark hoffte, dass sich Martin daran erinnerte, dass Allison ihn zu keinem Zeitpunkt angelogen oder ihm etwas verheimlicht hatte.

»Sie ziehen das Militär zusammen. Seit vier Stunden rollen schwere Panzer, Amphibienfahrzeuge und unzählige Aufklärungstruppenwagen an uns vorbei. Es hört nicht auf, Mark. Seit vier Stunden.«

Mark schluckte, versuchte, schnell zu kombinieren, warum sich das Militär in München zusammenzog. Es schien einfach keinen Sinn zu ergeben und die fehlende Kommunikation zur Außenwelt machte die Sache nicht einfacher.

»Sie sammeln sich alle in München. Warum?«, murmelte er leise vor sich hin.

»Nein, Mark. Sie sammeln sich nicht bei uns, sie fahren weiter. Ich habe das Gefühl, dass die Bundeswehr alle Ressourcen an der österreichischen Grenze zusammenzieht. Christine hat bei 482 Fahrzeugen aufgehört zu zählen. Was zum Teufel geht hier vor sich?«

Mittlerweile war Mark in Mitchell Crowleys Zimmer gestürmt und hatte den Lautsprecher eingeschaltet. Crowley hörte Martins letzten Satz und sah Mark perplex an.

»Martin, hier ist Agent Crowley. Wir warten darauf, dass wir wieder ans Netz kommen und mit dem Headquarter kommunizieren können. Ich kann dir beim besten Willen nicht sagen, was hier vor sich geht. Momentan sind wir, genauso wie alle anderen Menschen auch, auf die Medien angewiesen und die scheinen außer Dokumentationen momentan nichts weiter senden zu können.«

»Weil sie nicht dürfen«, warf Martin ein.

Mark und Mitchell sahen sich für einen Moment in die Augen. Sie schmeckten beide den bitteren Nebengeschmack der wiedergewonnenen Elektrizität. Vor ein paar Stunden waren Mark und Mitchell erleichtert gewesen, dass die Tage und Wochen der Dunkelheit vorbei waren und sie in eine neue, sich normalisierende Zukunft blicken durften. Nun beschlich Mark Allison das Gefühl, dass die Dunkelheit und die Zeit ohne

Strom nur der Anfang von etwas anderem waren. Dem Beginn einer neuen Epoche.

Mark fand in dieser Nacht keinen Schlaf. Seine Gedanken kreisten um Martins Worte. Was wäre, wenn er mit seiner Vermutung recht behalten würde? Und warum bahnte sich das Militär seinen Weg durch München? Allison bekam Kopfschmerzen und versuchte, seinem analytisch trainierten Gehirn für eine Weile eine Verschnaufpause zu gönnen. Die Entspannung währte nicht lange, denn ein lautes Klopfen riss ihn um fünf Uhr morgens aus dem Schlaf. Müde sah er auf seine Armbanduhr. Er hatte es doch tatsächlich geschafft, für eineinhalb Stunden seine Augen zu schließen und in einen Dämmerschlaf zu verfallen. Genervt rappelte er sich von seiner Matratze auf und riss die Tür auf.

»Was ist?«, brummte er und versuchte, die Silhouette vor seinen Augen zu identifizieren.

»Komm sofort in den Meetingraum. Das musst du sehen.«

Mark konnte seinen Blick noch nicht schärfen, erkannte aber Crowleys Stimme. Crowley packte Mark am Arm und zog ihn hinter sich her.

»Kann ich bitte erst mal aufwachen? Was soll denn der Alarm?« Allison hasste Stress und Eile in der Früh.

Crowley reagierte nicht auf das Nölen seines Freundes und bahnte sich mit ihm wie eine Mutter, die ihren kleinen Sohn zur

Supermarktkasse zerrt, seinen Weg zum Meetingraum. Mitchell öffnete die Tür und Mark erkannte alle Mitarbeiter, die seit Beginn der Dunkelheit in dem FBI-Gebäude ausharrten. Sie starrten mit ungläubigen Gesichtern, teilweise offenen Mündern in den großen Fernseher. Nochmals sah er auf seine Uhr.

»Leute, es ist Viertel nach fünf. Was zur Hölle ist so wichtig, dass ihr mitten in der Nacht …«

»Halt den Mund, Allison. Setz dich und halt die Klappe«, tönte es genervt aus den hinteren Reihen des Raumes.

Mark gehorchte und ließ sich auf einen der rot gepolsterten Stühle fallen. Mitchell setzte sich stumm neben ihn und sah ernst in den Fernseher, sodass Mark seinem Blick folgte. Allison runzelte die Stirn. Was er sah, konnte er nicht einordnen. Vielleicht lag es an seinem übermüdeten Zustand, vielleicht auch an den aus dem Kontext gerissenen Bildern, doch die unzähligen Panzer und Soldaten, die er in einer Wüstengegend auf dem Bildschirm erkannte, ließen Fragezeichen in seinem Kopf entstehen.

»Wo ist das?«, flüsterte Mark zu Crowley und sah ihn fragend an.

Doch der Agent reagierte nicht auf Allison. Das Bild verschwand und ein Nachrichtensprecher erschien.

»Wir gehen davon aus, dass sich die globalen Truppenbewegungen bald erklären lassen. Ob es sich hierbei um die Wiederherstellung des Rechtssystems der einzelnen

Länder und somit um eine Vorsichtsmaßnahme der Konföderation handelt oder ob das Zusammenziehen der militärischen Streitkräfte einen anderen Hintergrund hat, wird der Vorsitzende der Konföderation und Präsident der Vereinigten Staaten von Amerika in wenigen Minuten auf der Pressekonferenz sicher erläutern. Gerüchten zufolge sind nach der Wiederinbetriebnahme der Elektrizität russische Truppen in Polen und Finnland eingefallen. Anderen Berichten zufolge gab es in der Antarktis Sichtungen von massiven Kämpfen, welcher Art ist noch unbekannt. Auch das Gerücht eines iranischen Atombombenangriffes auf Israel hat unseren Sender erreicht. Wir wollen diese Spekulationen nicht anheizen und bitten auch unsere Zuschauer darum, abzuwarten, bis die Pressekonferenz im Weißen Haus beginnt. Bestätigten Meldungen zufolge ist es nach wie vor nicht möglich, den Luftfahrtbetrieb wieder aufzunehmen. Wir werden nach der Pressekonferenz eine Sondersendung mit allen Informationen dazu ausstrahlen.«

Wieder sah Mark Crowley verstört an. Er war wach.

Der Sender strahlte in einem Bild-in-Bild-Format Aufnahmen von einem schier endlos scheinenden Konvoi der französischen Armee, der sich seinen Weg durch Toulouse bahnte. Im oberen kleinen Bild erkannte Crowley den Pressekonferenzraum des Weißen Hauses. Das große Bild wechselte und zeigte eine Grafik zum bisherigen Weg des Militärs.

»Sie bewegen sich in die Richtung der spanischen Grenze. Martin hatte recht mit seiner Annahme. Deutschland verstärkt seine Truppen zu Österreich und die Franzosen machen das Gleiche an der Grenze zu Spanien. Was geht hier vor sich?«

Mark deutete mit dem Finger auf die Grafik. Er stand auf und stellte sich neben den großen Fernseher. Er konnte und wollte nicht mehr auf seinem Stuhl sitzen. Die Szenerie änderte sich. Ein Livebild aus dem Sudan war zu sehen. Das mediale Auge schwenkte von links nach rechts und fing die schwer bewaffneten Soldaten der Armee ein. Nach wenigen Sekunden verschwand das Bild der Übertragung, Tom Midler trat vor die Kameras. Obwohl Mark den Präsidenten noch vor knapp zweiundzwanzig Tagen im Fernsehen gesehen hatte, schien es, als wäre Midler in den Wochen der Dunkelheit um Jahre gealtert. Gezeichnet von dunklen Augenringen und einem müden Gesichtsausdruck, versuchte der Vorsitzende der Konföderation frisch in die Kamera zu lächeln. Midler blickte in die Runde der Journalisten, fuhr sich durch seine graumelierten Haare und nahm seine Notizen zur Hand. Offenbar rang er mit der richtigen Einleitung.

Unwillkürlich überkam Allison das Gefühl, dass das, was Midler verkünden würde, alles andere als gut sein würde und nicht das Ende der Komplikationen, mit denen die Welt dank Justin Mortensen und Nofox konfrontiert wurde, einläuten würde.

»Liebe Mitbürger, liebe Mitbürgerinnen, der Strom ist wieder da. Die Zivilisation ist wieder da. Die meisten Systeme wurden innerhalb der letzten fünfzehn Stunden wieder hochgefahren. Die Wasser- und Lebensmittelversorgung läuft wieder an. Wir haben trotz des Erfolges weltweit eine gravierende Anzahl an Todesopfern zu beklagen, die sich nach ersten Meldungen in einem zweistelligen Millionenbereich bewegt. Es ist noch zu früh, genauere Zahlen und mögliche Gründe zu verlautbaren. In dieser schweren Stunde möchte ich den Hinterbliebenen mein Mitgefühl aussprechen. Die Zivilisation, in der wir leben, war nicht darauf ausgelegt, auf das Selbstverständlichste, das wir seit über einhundert Jahren nutzen, für fast einen Monat zu verzichten: die Elektrizität. Es hat uns gezeigt, wie sehr wir doch auf die selbsterschaffene Energie angewiesen sind und wie sehr sie uns auch zum Verhängnis werden kann. Gerne würde ich mit Ihnen diesen Moment der zurückgewonnenen Normalität feiern, doch mit der Rückkehr der Energie kam durch unsere Satelliten und die Kommunikation mit den Ländern dieser Erde auch wieder die Sicht auf den Planeten. Der längste Stromausfall in unserer Geschichte ist durch den schwersten Sonnensturm seit Aufzeichnungsbeginn zu erklären. Ich versuche, Ihnen in diesen ersten Stunden der, ich würde sagen, neuen Epoche so viele Informationen, wie mir zur Verfügung stehen, mitzugeben. Unsere Mitarbeiter und Mitarbeiterinnen haben damit begonnen, sich wieder einzufinden, Daten auszuwerten, um zu verstehen, was passiert ist beziehungsweise was noch passieren könnte. Die weltweiten Truppenbewegungen, von denen Sie aus den Medien bereits gehört haben, dienen einzig und allein einem Sicherheitsmechanismus, der nach Ereignissen wie dem großen Stromausfall vorgesehen ist. Es handelt sich lediglich um eine Vorsichtsmaßnahme. Wir gehen davon aus, dass der Rückzug des Militärs innerhalb der nächsten achtundvierzig Stunden angeordnet werden kann. Ich weiß, dass Ihnen viele Fragen auf der Zunge brennen, und mir ist durchaus bewusst, dass auch die blaue Verfärbung am Himmel nach wie vor präsent ist. Bitte geben Sie uns Zeit, uns wieder zu sortieren und unserer Arbeit so schnell wie möglich nachzugehen.

Liebe Mitbürgerinnen und Mitbürger, wir haben den Stromausfall überwunden, wir sind am Leben. Den Rest werden wir zusammen mit gemeinsamer Kraft und unserem starken Willen schaffen. Ich danke Ihnen.«

Ein erschöpft und resigniert wirkender Tom Midler versuchte sein Lächeln bis zur letzten Sekunde aufrechtzuerhalten. Weltmännisch winkte er in die Runde, zu den Kameras und senkte seinen Blick. In diesem Moment erkannte der erfahrene FBI-Agent Mitchell Crowley, dass der Präsident gelogen hatte.

Die nächsten Tage waren voll von ereignisreichen, aber nichtssagenden Meldungen. In Sidney kam es zu einem

Blackout, der allerdings schnell wieder behoben werden konnte. Zurückzuführen war diese Schreckensmeldung auf eine Überlastung des Stromnetzes in einem Umspannwerk, die im Laufe eines Tages stabilisiert werden konnte. Die Schifffahrt nahm ihren Betrieb wieder auf und das sehnlich vermisste Internet meldete sich, nachdem unzählige Server mit ihrem Backup eingespeist worden waren, wieder zurück. Alles in allem schien es, als wäre die Menschheit im Boxkampf gegen die Natur angezählt in die Knie gegangen, doch nun stellte sie sich erhobenen Hauptes wieder auf. Unzählige Leichen wurden aus Fahrstühlen, Wohnungen und Parkanlagen geborgen. Die Polizei patrouillierte in den Ballungszentren, um weitere Plünderungen und Übergriffe zu vermeiden. Das sogenannte »Wunder von Tokio« ließ die Menschen an den Radio- und Fernsehgeräten wieder hoffen und erhellte die Gemüter. Eine schwangere Frau hatte zum Zeitpunkt des Stromausfalles im 74. Stock eines Wolkenkratzers festgesessen. Für die im neunten Monat schwangere Chinesin war es unmöglich, die vierundsiebzig Etagen zu Fuß nach unten zu gehen. Schließlich gebar sie am 19. Mai zwei gesunde Mädchen und überlebte nur einzig und allein aus dem Grund, weil ihre Nachbarn sich seit dem Stromausfall dreimal am Tag in den 74. Stock aufgemacht hatten, um der werdenden Mutter Wasser und Lebensmittel zu bringen.

Die Menschen verfolgten die Meldungen von wiedergewonnenen Technologien, die in Betrieb genommen wurden, und von Statements Großindustrieller, die verkündeten, ihre Produktion wieder aufgenommen zu haben. Die positiven Meldungen ließen den weltweiten Truppenaufmarsch der vergangenen Tage in den Hintergrund rücken. Zu viele Meldungen über zu viele Ereignisse prasselten auf die Medienlandschaft ein. Der Wettkampf darum, exklusiv die ersten Bilder zu senden und zuerst mit den Zeugen zu sprechen, dominierte wieder in alter Manier. Selbst das blaue Licht, das nach wie vor die Nacht zum Tag erhellte, schien am 24. und 25. Mai von keiner besonderen Bedeutung zu sein. Man hatte sich daran gewöhnt und würde bestimmt bald eine Lösung für diese Anomalie finden.

An diesem 25. Tag im Mai öffnete sich auch wieder die Tür der Zelle. Obwohl die Elektrizität auf dem Planeten zu neunundneunzig Prozent wiederhergestellt worden war, bevorzugte es das FBI nach wie vor, Mortensen in einer älteren und somit ausschließlich mechanisch verschließbaren Zelle unter Arrest zu halten. Die Nervenheilanstalt hatte in der Zeit der Dunkelheit viele Patienten verloren. Die Lieferung lebenswichtiger Medikamente war ausgeblieben, was für einige der dort untergebrachten Menschen den sicheren Tod bedeutet hatte.

»Frühstücksbuffet ist da«, murmelte der stämmige Pfleger und stellte das Tablett, auf dem sich eine Tasse grüner Tee, zwei Brötchen und Marmelade befanden, auf den Beistelltisch neben dem Bett. »Machen wir heute Mätzchen oder geht das Abschnallen problemlos?«, fragte der Einsneunzighüne den fixierten ehemaligen CEO der Nofox.

Justin schüttelte langsam den Kopf, ohne den Riesen auch nur eine Sekunde aus den Augen zu lassen.

»Nein, keine Mätzchen«, flüsterte er.

Justin war nicht mehr wiederzuerkennen. Der ehemalige Topmanager, der sein Leben lang versucht hatte, den Balztanz in den unzähligen Meetingräumen der Geschäftswelt zu gewinnen, hatte sich verändert. Seine langen Haare und der graue Bart ließen ihn wie einen Messias wirken.

Justin setzte sich langsam auf und wartete, bis der Pfleger die Tür von außen verschlossen hatte. Die Vergangenheit hatte ihm auf schmerzliche Art und Weise gelehrt, diesen Ablauf einzuhalten. Er wischte sich seine langen Haare aus dem Gesicht und aß abwesend sein Frühstück.

Es war drei Wochen her, dass Mortensen den letzten Versuch unternommen hatte, einen Pfleger zu übermannen und aus der Klinik zu türmen. Er hatte verstanden, dass es nicht möglich war. Er hatte gelernt, mit IHM zu leben. Fixiert in seinem Zimmer, Tag und Nacht. Für einen Augenblick beäugte er die rötlichen Abdrücke auf seiner Haut. Sie stammten von den

Riemen an seinen Handgelenken. Er hatte gelernt, dass sein Widerstand schmerzte. Auch Tage danach.

Das vorsichtige Klopfen an seiner Zellentür irritierte Justin. Er schob den Plastikteller von sich und blickte nach oben zur massiven Türklinke, die sich von innen keinen Zentimeter bewegen ließ. Normalerweise gaben sie ihm fünfundzwanzig Minuten Zeit für das Frühstück, anschließend wurde er wieder fixiert. Abweichend von diesem minutiös eingehaltenen Ablauf klopfte es niemals an der Tür. Niemals. Der Ablauf sah vor, dass der Pfleger aufsperrte, seine Arbeit verrichtete und die Tür wieder verschloss. Normalerweise.

»Herein?« Es klang wie eine Frage. Justin erschrak vor seiner eigenen Stimme. Es kam nicht oft vor, dass er seine Stimmbänder nutzte.

Die Tür wurde aufgesperrt und Justin erkannte Agent Crowley. Er hatte sich seit ihrem letzten Treffen kaum verändert. Justin versuchte sich zu erinnern, wann das gewesen war, doch die Zeit hatte in seiner Zelle an Bedeutung verloren. Vielleicht waren es Tage, Wochen oder gar Monate. Letztendlich spielte es keine Rolle. Mortensen widmete sich dem verbliebenen Brötchen auf seinem Plastikteller. Ein Schatten zu seiner Rechten huschte in sein peripheres Blickfeld. ER war auch da. Der ehemalige Manager erkannte die Lederjacke. Kauend drehte er sich nach rechts und wischte sich seine Haare aus dem Gesicht. ER saß grinsend auf dem Bett, kaute genüsslich auf seinem Zahnstocher und betrachtete Justin Mortensen abfällig. So wie ER es immer tat. ER schien für immer jung zu bleiben. Frisch rasiert und mit gestylten Haaren sah ER verächtlich auf ihn hinab. Justin schüttelte den Kopf, blickte kurz zu Crowley, der immer noch in der Tür stand, und aß unbeeindruckt weiter. Heute hatte man ihm Aprikosenmarmelade auf den Teller gelegt. Er mochte Aprikose und Erdbeere. Hauptsache, es gab nicht Kirsche.

Crowley näherte sich langsam dem Mann, der im Schneidersitz auf dem Boden saß und sein Frühstück verzehrte. Crowley wunderte sich, warum Mortensen nicht am dafür vorgesehenen kleinen Tisch aß, verwarf den Gedanken nach einigen Momenten aber wieder.

»Wie geht es Ihnen?«, fragte der FBI-Agent schließlich und betrachtete Mortensen aus sicherer Entfernung.

»Ich lebe. Ich atme«, antwortete Justin kauend, ohne seinen Blick von dem Brötchen zu lassen.

Crowley nahm die Lehne des Stuhls in die Hand und wollte ihn ein Stück weit vom Tisch ziehen, um sich hinzusetzen, als er Widerstand in seinen Fingern spürte.

»Das geht nicht. Der Stuhl ist festgeschraubt. Genauso wie der Tisch, das kleine Kästchen und der Schrank. Alles ist festgeschraubt. Schraub, schraub. Alles fest«, kommentierte Justin beiläufig Crowleys Versuch, ohne ihn eines Blickes zu würdigen.

Der FBI-Agent zwängte sich in die kleine Lücke zwischen Stuhl und Tisch.

»Wie oft lässt man Sie raus?«

Justin hob seinen Kopf und sah den Agenten direkt in die Augen. Aus einem leisen Kichern wurde ein herzhaftes Lachen. Justin musste so laut lachen, dass das zerkaute Aprikosenbrötchen zum Vorschein kam.

»Immer ein Späßchen auf den Lippen, Herr FBI-Agent.« Er kicherte vor sich hin und schüttelte den Kopf.

Crowley schälte sich aus der Stuhl-Tisch-Kombination heraus und setzte sich im Schneidersitz wenige Zentimeter neben Mortensen auf den Boden.

Der ehemalige Topmanager fixierte die Pupillen des Geheimdienstangestellten. Justin zog langsam eine Augenbraue nach oben und zwinkerte wild.

»Haben Sie keine Angst, dass ich Ihnen das Genick breche, Crowley? Mit einem schönen lauten Knacken? Knickknack! Knickknack!«

Mortensen kicherte und warf IHM einen Blick zu. Immer noch saß ER regungslos auf dem Bett und betrachtete den Zahnstocher in seiner linken Hand.

»Haben Sie denn keine Angst, dass ich Sie in eine Dunkelzelle werfen lasse? Fixiert für die nächsten zwei Wochen und intravenös ernährt?«, konterte Crowley und zog fragend seine Augenbrauen nach oben.

Justin schluckte. Die Vorstellung, in gänzlicher Dunkelheit mit IHM zu sein, machte Justin mehr Angst als die Tatsache, ohne seine Schuhe fixiert auf dem Bett zu liegen. Sie hatten die Vorhänge aus seinem Zimmer entfernt, nachdem er sie dreimal heruntergerissen hatte. Der ehemalige CEO hatte versucht, sie zu essen, und konnte kurz vor dem Erstickungstod gerettet werden. So war es gut, denn der blaue Schimmer spendete genug Licht, um seine Zelle zu erhellen. Er konnte die Dunkelheit mit IHM nicht ertragen. Nicht eine Sekunde. Justins Herz begann zu rasen.

»Keine Dunkelheit«, flüsterte Justin und sah Crowley ängstlich an.

»Das hatte ich auch nicht vor, Mr. Mortensen. Was halten Sie von täglich drei Stunden Rundgang in einem isolierten Trakt der Klinik? Keine Fixierung mehr und die Auswahl zwischen zwei verschiedenen Gerichten mittags und abends?«

Mortensen musterte Crowley ungläubig.

»Weshalb sollte das FBI einem Massenmörder und dem Auslöser für den schlimmen Stromausfall so etwas schenken?«

»Es ist kein Geschenk. Es ist eine Gegenleistung für die Informationen, die wir von Ihnen benötigen. Der Strom ist wieder da, Mortensen. Die unzähligen Menschen, die Sie auf dem Gewissen haben, sind es nicht. Aber damit müssen Sie selbst klarkommen. Wenn sich alles weitestgehend normalisiert hat, werden Sie sich vor Gericht verantworten müssen. Das kann und will ich Ihnen nicht ersparen. So einfach ist das.«

Justin schüttelte langsam den Kopf und hob mahnend den Zeigefinger.

»Jetzt weiß ich es. Es war alles nur ein Trick, um mich mürbe zu machen, nicht wahr? Es gab gar keinen Stromausfall. Ihr habt mich in dem Glauben gelassen, dass …«

Crowley streckte Mortensen sein Handy mit einer geöffneten Seite eines Nachrichtensenders vor die Nase. Hastig überflog der verwahrlost wirkende Mann die Zeilen. Es stimmte. Crowley hatte nicht gelogen.

»Was für eine Gegenleistung wollen Sie? Der Strom ist wieder da, die Welt tanzt und jubelt. Alles wieder gut«, säuselte er, stand auf, zuckte mit den Schultern und stellte seinen Plastikteller bedächtig auf den Tisch.

»Nein, Mortensen. Nichts ist gut. Gar nichts. Es ist nur eine Frage der Zeit, bis die Meldungen in den Medien über die Wiederaufnahme der Elektrizität verstummen werden. Dieses Thema dominiert noch die täglichen Schlagzeilen, gefolgt von einer Handvoll Epidemien, die der Stromausfall mit sich gebracht hat. Aber auch diese werden schnell eingedämmt sein. Und was dann kommen wird, ist die Frage, warum die Grenzen jedes Landes von Soldaten und schweren Geschützen abgeriegelt sind. Ich gehe davon aus, dass wir vielleicht noch zwei Tage haben, bis wir uns diesen Fragen stellen müssen«, fuhr Crowley fort und steckte das Handy wieder in seine Hosentasche.

»Und warum ist das so?« Justin wirkte desinteressiert. Vor seinem geistigen Auge sah er schon seine Verhandlung, einen hämisch lachenden Richter, der sein Todesurteil aussprach, und den klatschenden, undankbaren Mob, der das Urteil bejubelte.

Der Agent stand blitzschnell auf, zerrte ihn nach oben und drückte Mortensen an den Schultern gegen die Wand. Er näherte sich seinem Gesicht bis auf wenige Zentimeter. Justin konnte den schnellen Atem des Mannes auf seiner Wange spüren. Wie ein Tiger, der seine Beute in die Ecke drängt, stand Crowley vor ihm und sah ihm eindringlich in die glasigen Augen.

»Dieser verdammte letzte Wolkenkreis … Ihr Meisterwerk, nicht wahr? Die Spitze des Wirbels hat nicht nur diesen Planeten berührt, mein kleiner verwirrter Freund. Er hat sie reingelassen, diese Wesen.« Crowley zog zwei Fotos aus seiner Jackentasche und zeigte Justin das erste. »Was sehen Sie da?«

»Das ist die Antarktis. Mehr sehe ich da nicht«, antwortete Justin verwirrt und suchte das Foto ab. Doch außer dem unendlichen Weiß und ein paar Erhebungen konnte er nichts entdecken.

»Richtig, Mortensen. Das ist das Satellitenbild der Antarktis vom 28. April dieses Jahres. Und das ist ein Satellitenbild von gestern.« Crowley zeigte Justin das zweite Foto. Justins Augen weiteten sich.

»Was ist das?« Seine Pupillen vergrößerten sich und rasten von einer Ecke des Fotos zur anderen.

»Raten Sie doch einmal, was diese kleinen punktuellen Schattierungen sind, die Sie verteilt über die ganze Antarktis sehen können?« Das Ratespiel wirkte keineswegs lustig, Crowley biss sich so fest auf seine Zähne, dass seine Wangenknochen noch mehr zum Vorschein kamen.

»Ich weiß es nicht. Vielleicht schmilzt das Eis oder es sind Krater, die sich gebildet haben?«

»Falsch, Mortensen. Ich werde das Rätsel auflösen: Es ist Ihr Werk, Ihre Schuld. Was Sie hier sehen, sind unbekannte Wesen, die die Antarktis bevölkern. Der Kontinent Antarktika umfasst eine Fläche von circa vierzehn Millionen Quadratkilometern. Die Satellitenbilder zeigen, dass eine geschätzte Fläche von acht Millionen Quadratkilometern von diesen Geschöpfen bereits besiedelt ist. Denen können die Kälte und das Eis offenbar nichts anhaben. Unsere militärischen Kräfte in der Antarktis haben den letzten Wolkenkranz, vielmehr den Sog, beschossen. Ohne Wirkung. Wir haben den Kontakt zu unseren Stützpunkten in Antarktika nach dem Beschuss verloren.«

Crowley holte sein Handy heraus und wählte eine Nummer, während er Justin zu einem Stuhl zerrte und ihn barsch nach unten drückte.

»Ich habe hier einen alten Freund, der sich mit Ihnen unterhalten möchte.«

Crowley legte das Smartphone auf den Tisch und aktivierte den Lautsprecher.

»Professor, Sie können loslegen«, sagte er und setzte sich auf Mortensens Bett.

»Hallo Agent Crowley, Hallo Mr. Mortensen. Ich kann wirklich nicht sagen, dass ich mich freue, Sie zu hören, Mr. Mortensen, aber schön, dass Sie noch leben, denn wir brauchen Sie. Der Beschuss der Soge, die seinerzeit aus den deformierten Wolken hervortraten, funktionierte nur deshalb, weil diese Soge nichts anderes waren als gebündelte Energie, die im Begriff war, zu entstehen. Anders als bei Wolken, die man logischerweise nicht beschießen kann, war die Dichte dieser Wirbel so schwer, dass der Beschuss eine Störung in der Entwicklung hervorrief. Um es einmal salopp zu formulieren. Diese außerirdische Konstellation wurde in ihrer Entstehung durch den Kontakt irdischer Objekte und damit auch unserer Atmosphäre behindert und zerstört. Das Problem, welches wir mit dem letzten Wirbel, der sich mit unserem Planeten verbunden hat, haben, ist schlicht und ergreifend eine Vereinigung der beiden Atmosphären. Wir können nichts bei einer Entstehung stören, was bereits vervollständigt ist. Verstehen Sie mich?«

»Ja.« Justins Gesicht wurde blass.

»Sie haben uns schon einmal hinters Licht geführt, Mortensen. Sie hatten uns vor dem großen Stromausfall zugesichert, die Fehlermeldungen, die seinerzeit auf den Monitoren zu sehen waren, mitzuteilen. Wir müssen analysieren und verstehen, was genau passiert ist, um diese letzte Anomalie zu schließen, bevor es zu spät ist.«

Mortensen drückte den roten Knopf auf dem Display des Handys und stand auf. Crowley sah den langhaarigen Mann perplex an. Er hatte das Gespräch unterbrochen, die Leitung gekappt und schlenderte wie bei einem Sonntagsspaziergang zu dem vergitterten Fenster seiner Zelle. Er wischte sich die Haare aus dem Gesicht, berührte das dicke Glas mit einer Hand und sah schweigend auf die erloschene Straßenlaterne unterhalb seines Fensters.

»Wäre es nicht schön, mal wieder etwas anderes sehen zu können?« Crowley versuchte, in die Gedankenwelt des ehemaligen Nofox-Vorsitzenden einzudringen. Sosehr er ihm auch den Tod wünschte, er wusste, dass seine Informationen der Schlüssel dazu sein könnten, diesen Wahnsinn ein für alle Mal zu beenden.

»Sie besiedeln die Antarktis, hm?«, säuselte Justin.

»Ja, und es werden stündlich mehr. Es ist nur eine Frage der Zeit, bis sie bewohntes Gebiet erreichen und die Öffentlichkeit darauf aufmerksam wird. Die Konföderation hat alle Grenzen sichern lassen und arbeitet an einem Notfallplan, falls der Eintritt dieser Geschöpfe nicht gestoppt werden kann.«

Justin Mortensen drehte sich langsam zu Crowley um. Wie in Zeitlupe erschien dem FBI-Agenten dieser Moment, bis er in Mortensens lächelndes Gesicht blickte. Seine graumelierten Haare bedeckten sein rechtes Auge, doch sein linkes fixierte Crowley mit einem irren Blick. Justin benetzte seine Lippen und sah zu seiner Rechten. Er nickte, murmelte etwas Unverständliches und widmete sich wieder seinem Gast.

»Wir wollen das nicht. Wir sind der Meinung, dass die Welt dafür bezahlen muss, mein Lebenswerk, mein Projekt zerstört zu haben. Hätten Sie und alle anderen Ungläubigen Nehebkau einfach geschehen lassen, würden die Dinge anders liegen.«

Crowley sah sich in dem Raum um und schob seine Augenbrauen nach oben.

»Wir?«

»Fahren Sie zur Hölle, Crowley. Sie und Ihre Gutmenschen.«

Mitchell rieb sich am Kinn und nickte. Der Agent nahm sein Handy und ging zur Tür der Zelle.

»Gut, Mortensen. Wir sprechen uns in zwei Wochen wieder, wenn Sie aus der Dunkelzelle herauskommen.«

Sie werden dich einsperren. Tag und Nacht wirst du SEINE Stimme horen, SEIN Atmen spüren. Fixiert an einem Bett in der Dunkelheit. Sie werden dir deine Schuhe wegnehmen. ER wird dich auslachen. ER ist nicht fixiert. DU bist es. Wie immer in deinem Leben musst DU dich verantworten. Nicht ER.

Justin griff in seine Haare, zog daran. Er ächzte. Die Stimmen in seinem Kopf wurden lauter. Plötzlich hörte er ein leises Lachen. Blitzschnell drehte er seinen Kopf herum und sah IHN an. ER war da. ER war immer da. Lässig entfernte ER einen Fussel von seiner Lederjacke und steckte den Zahnstocher wieder in den Mund. Wie gut ER aussah. Erholt, gestylt und rasiert saß ER auf dem Bett und betrachtete Justin mit diesem abfälligen Blick, mit dem ER ihn immer ansah.

»Na, B… B… Bustin, das wird lustig, du kleiner, dummer Junge! Du hast es mal wieder verkackt, Bustin.«

»ICH HABE GAR NICHTS. VERSCHWINDE EIN FÜR ALLE MAL!«, schrie Mortensen wie von Sinnen los, sodass Crowley, der bereits in der Tür stand, sich erschrocken umdrehte und sah, wie Mortensen das Bett anschrie. Wutentbrannt fixierte Mortensen das leere Laken.

»Aber, aber. Wer wird denn gleich so ausfallend werden? Dummer, dummer Junge. Husch, husch, in die Dunkelzelle mit dir, B… B… Bustin.«

»Du denkst wohl, du bist was Besseres? Diese Lederjacke steht MIR zu, nicht dir. Es ist MEINE Lederjacke!«, kreischte Justin und gestikulierte wild mit den Händen.

»Was zum Teufel machen Sie da?«, flüsterte Crowley und betrachtete verstört das Zwiegespräch, das Justin Mortensen offensichtlich mit sich selbst führte.

»Du bist Dreck, Bustin. Du bist ein Massenmörder und du hast unser Lebenswerk zerstört. Es ist, wie es schon immer war, du kleiner, dummer Junge. Du kannst nichts, du bist nichts und du wirst nie etwas sein, B… B… Bustin.« ER lachte laut und fuhr sich mit der Hand durch sein gegeltes Haar, während ER Justin mitleidig ansah.

»Oh doch … ich kann etwas! Eins kann ich«, zischte Justin bedrohlich zu seinem Bett.

Blitzschnell schoss er Richtung Zellentür, in der Crowley stand und dem Treiben fassungslos beiwohnte. Er gab dem Agenten so stark er nur konnte eine Kopfnuss. Justin wurde schwarz vor Augen, alles begann sich zu drehen, doch sein Wille ließ ihn nicht ohnmächtig werden. Verschwommen erkannte er, wie der Agent auf die Knie ging und sich an den Kopf griff. Mortensen lief aus der Zelle und rannte schwankend bis zum Ende des Korridors. Sein Leben zog an ihm vorbei. Bilder aus längst vergangenen Tagen blitzten vor seinem geistigen Auge auf. Der Wunsch, von seinem Vater, den er so geliebt und bewundert hatte, ein einziges Mal Respekt oder

Anerkennung zu bekommen. Die unzähligen misslungenen Dates, die sich wie ein roter Faden durch sein Leben gezogen hatten. ER. Das Studium, das er mit Ach und Krach bestanden hatte, und der Zufall, dass ein besserer Kandidat damals das Jobangebot abgelehnt und Justin die Stelle letztendlich doch noch bekommen hatte. ER. Mortensen sah sich auf der Couch sitzen, einen Rotwein in der Hand, starrte in den Fernseher, danach ging er schlafen. Aufstehen, fertig machen, um in einem weiteren Meeting mit den vielen namenlosen Geschäftsleuten den nächsten Gockelkampf auszufechten. ER. Statistiken, Präsentationen, teure Anzüge und nie enden wollende Smalltalks bestimmten seine Tage, um letztendlich jeden Abend wieder in den Fernseher zu starren und dankbar zu sein, dass die Geräuschkulisse des Fernsehers die brutale Stille unterbrach. ER. Letztendlich war ER es gewesen, der die Weichen in seinem Leben gestellt hatte. Schon seit seiner frühen Jugend war ER es gewesen, der ihm sagte, was zu tun sei und bei welchem Mädchen er sein Glück versuchen solle. ER wusste schon immer, dass Justin ein Versager war und bleiben würde. ER machte sich nur einen Spaß daraus, denn Justin Mortensen traf keine Schuld.

Für eine Sekunde hielt er inne und starrte auf den Linoleumfußboden. Justin drehte sich um, er hörte die aufgeregten Stimmen von Crowley und seinen Pflegern.

»Wohin nur, Bustin? Links oder rechts? Das Leben ist doch ein verdammtes Labyrinth ohne Ausweg. Links, rechts, geradeaus? Du kommst hier nicht mehr raus!«

Die hämische Stimme hallte in seinem Schädel wider. Justin öffnete die Tür am Ende des Ganges und rannte das Treppenhaus hinauf. So schnell ihn seine Füße trugen, hechtete er von Stufe zu Stufe. Er hatte den sechsten Stock und somit das Ende des Treppenhauses erreicht. Er blickte nach oben und sah eine Luke mit einer Öse. Hastig griff er in die Ecke nach dem langen Stab mit dem Haken und versuchte nervös die Öse zu treffen.

»Du dummes Stück Scheiße, nicht einmal das schaffst du. Bustin, du musst ruhig bleiben. Wieder daneben! Oh, B… B… Bustin, wieder nichts! Haha!«

»Halt deinen Mund! Halt einfach deine Klappe«, keuchte Justin und versuchte es wieder und wieder.

Die Stimmen im Treppenhaus näherten sich. Es waren so viele Schritte, es klang, als würde ihm eine ganze Armee auf den Fersen sein. Sein Arm zitterte, er verfehlte das Loch erneut.

»Ich atme ein, ich atme aus, weg ist der Schreckensgraus«, flüsterte er zu sich.

Dr. Oswalt hatte ihm vor Jahren dazu geraten, diesen Spruch anzuwenden, um IHN zu verbannen und sich zu beruhigen.

»Ich atme ein, ich atme aus, weg ist der Schreckensgraus.«

Justin öffnete wieder seine Augen, zielte und traf die Öse. Er zog kräftig an und die Luke mitsamt der ausziehbaren Treppe erschien. Die wenigen Stufen waren schnell erklommen und Mortensen fand sich im Wartungsraum des Aufzuges wieder. Die kleine Luke oberhalb des niedrigen Raumes war nicht verschlossen, er stieß sie auf und kletterte mit letzter Kraft nach oben. Der Wind zerzauste seine Haare und kühlte sein verschwitztes Gesicht. Für einen Augenschlag genoss Justin den Moment der Ruhe und den Wind auf dem Dach der Klinik. Sein Blick streifte über die Dächer Sofias. Der Anblick der blühenden Bäume und das vereinzelte Trällern der Vögel verrieten ihm, dass der Frühling gekommen war. Für einen Moment fühlte er sich mit der Welt im Einklang. Das Gefühl der Freiheit überkam ihn.

»Jetzt bist du auch einmal ganz oben … haha. Genieß den Moment, bevor dich dein Naturell wieder dorthin zurückschickt, wo du hingehörst. Nach ganz unten, Bustin.«

Justin ignorierte ihn und genoss den friedlichen Moment. Ein Spatz setzte sich auf das Sicherheitsgeländer, das den Dachbereich vor dem Abgrund schützte, und begann zu fiepen.

Es gab nur eine Option, einen einzigen Ausweg, IHM Herr zu werden. Oftmals hatte er schon über diesen Schritt nachgedacht, immer in der Angst, dass ER ihn darauf ansprechen würde. ER konnte seine Gedanken lesen, ER war seine Gedanken. Als Dr. Oswalt ihm damals schonend beigebracht hatte, dass ER nur eine Konstruktion seiner Gedankenwelt sei, war Justin in schallendes Gelächter ausgebrochen. Wie sollte sich ein Konstrukt seiner Gedanken materialisieren? Dr. Oswalt redete mit Engelszungen stundenlang auf Justin ein. Die Schizophrenie gehöre zu den schwersten psychischen Störungen. Zu den Symptomen zählen Realitätsverlust, Halluzinationen, Wahnideen, Denkstörungen und Antriebsverlust. Die Krankheit trete in Phasen auf. Manche Patienten haben beschwerdefreie Intervalle, andere leiden durchgehend an Symptomen wie Halluzinationen. Mortensen hörte sich die Ausführung des Psychologen in Ruhe an, während ER neben ihm saß, anwesend war bei jeder einzelnen Sitzung und nur verächtlich mit dem Kopf schüttelte.

Der kleine Spatz schien zu ahnen, was passieren würde, plusterte sich auf und flog davon. Ohne es bemerkt zu haben, war Justin zum Geländer des Hausdachs gegangen. Seine Hand umfasste das durch die Sonne erwärmte Aluminium. Er blickte in die Ferne. Sein Kopf senkte sich, er sah die Hauswand hinunter auf den Asphalt. Im Schätzen war er noch nie gut gewesen, wie eigentlich in allen Dingen. Vielleicht waren es dreißig Meter? Vielleicht hundert? Es spielte auch keine Rolle, es würde genügen, um seinem jämmerlichen Leben ein Ende zu bereiten und IHN ein für alle Mal loszuwerden. Und Letzteres war wichtiger als alles andere. Justin hatte keine Angst vor dem Tod, keine Angst davor, seine schrecklichen Taten vor Gott zu rechtfertigen, wenn es ihn überhaupt gab. Es spielte keine Rolle, wichtig war nur, IHN nicht mehr hören und sehen zu müssen.

»Mortensen, wir können das alles klären.« Crowley stand hinter ihm. Er keuchte von seinem Sprint nach oben, schob seine offenen Hände beschwichtigend nach vorn.

Justin drehte sich um. Neben dem Agenten befanden sich drei Pfleger, die ebenfalls außer Atem schienen, auf dem Dach. Sie waren etwa zehn Meter von Justin entfernt.

»Können wir das? Können wir das wirklich? Sehen Sie IHN direkt zu Ihrer Rechten stehen? Sehen Sie IHN?«, fragte Mortensen und zeigte mit seinem Finger auf den leeren Platz neben sich.

Crowley drehte seinen Kopf nach rechts und überlegte für eine Sekunde, auf das Spiel des verwirrten Mannes einzugehen. Es würde nicht funktionieren. Crowley entschied sich, bei der Wahrheit zu bleiben.

»Nein, Mortensen. Das wissen Sie auch. Sie kennen den Grund, warum ich ihn nicht sehen kann, habe ich recht?«

Justin sah IHN an. ER hielt in seiner rechten Hand den Zahnstocher, während ER mit der linken Hand die Finger zum Mund führte, die Augenbrauen nach oben schob und Crowley zynisch ansah.

»Ach wie gut, dass niemand weiß, dass du eigentlich Bustin heißt. Haha! Wo bleibt dein Schreckensgrausspruch, du

Verlierer? Du wirst jetzt schön mit dem Onkel nach unten gehen und dich artig verhalten.« Mahnend hob ER den Zeigefinger, sein Gesicht wurde ernst.

Justin begann leise zu lachen und spürte etwas, das er noch nie in seinem Leben gefühlt hatte. Justin hatte keine Angst mehr, er empfand keine Ehrfurcht, keinen Respekt und keine Demut mehr. Es fühlte sich an wie Mut, wie das Gefühl, unbesiegbar zu sein, und letztendlich war er das in diesem Moment auch. Er hatte die Oberhand gewonnen.

»Einen Scheiß werde ich machen, du Witzfigur«, sagte Mortensen leise und blickte an Crowley vorbei.

Crowley beschloss, sich in diesem Moment nicht einzumischen, und verfolgte abwartend das Zwiegespräch, das Justin mit sich führte.

Sein anderes Ich deutete erstaunt mit dem Finger auf seine Brust und ging auf Justin zu. Panisch kletterte Mortensen über die Brüstung, verlor fast den Halt und klammerte sich an das warme Aluminium. Das Gesims jenseits des Geländers bot ihm nur so viel Platz, dass er seine Füße zur Hälfte daraufstellen konnte. ER blieb stehen, hielt inne und betrachtete Justins waghalsige Aktion.

»Mortensen, um Gottes willen. Machen Sie keine Dummheiten. Es lässt sich alles lösen«, schrie Crowley, doch Mortensen beachtete ihn nicht. Er fixierte etwas in seiner Nähe, das nur er sehen konnte. ER nahm seinen Zahnstocher langsam aus dem Mund, hielt ihn mit zwei Fingern fest und ließ ihn auf den Boden fallen.

»Soso. Bustin wird mutig. Bustin fletscht die Zähne, gefällt mir, Kleiner. Du willst meine Lederjacke? Du denkst, dass du ohne mich zurechtkommen wirst? Hol sie dir.«

ER zog die Lederjacke aus und warf sie auf das Geländer.

»Wenn ich sterbe, stirbst du auch. Du kannst ohne mich nicht existieren«, antwortete Justin leise.

Eine leichte Windböe kam auf und wehte ihm sein langes Haar ins Gesicht. Durch die Strähnen vor seinen Augen erkannte er, dass sich SEIN Gesichtsausdruck änderte. Der überhebliche und arrogante Gesichtsausdruck seines zweiten Ichs wich und machte Platz für die Angst. Es war die nackte Existenzangst, die Justin für einen Wimpernschlag in SEINEN Augen lesen konnte.

ER hob seine Hände und setzte wieder sein kühles, falsches Lächeln auf.

»Was willst du noch? Du hast die beschissene Jacke, B… B… Bustin. Du hast gewonnen, kleiner Junge. Feier dich und deinen Erfolg. Du bist der Boss, Bustin.« Mit übertriebener Bewunderung klatschte er in die Hände und applaudierte dem Mann hinter dem Geländer.

»Klettern Sie zurück! Ich werde dafür sorgen, dass Sie Immunität bekommen. Wir können das alles regeln!«, rief Crowley und näherte sich langsam dem Geländer.

»Bleiben Sie stehen!«, sagte Justin zu Crowley, der sofort in seiner Bewegung innehielt.

Sein Blick wandte sich wieder zu IHM. Justin lächelte, sanftmütig und bestimmt.

»Jetzt hast du Angst. Du hast richtig Schiss, dass ich das Geländer loslasse und wir beide sterben, nicht wahr?«

»Du wirst das Geländer nicht loslassen, Bustin. Dazu sind deine Eier nicht groß genug. Steig wieder rüber und wir reden darüber, Junge.«

Betont unaufgeregt winkte ER Justin zu sich, wandte sich ab und ging ein paar Schritte in Richtung der Pfleger.

»Soll ich dir was sagen? Ich habe eine Neuigkeit für dich: Mein Name ist Justin. Justin Mortensen.«

Justin schloss seine Augen und ließ das Geländer los. In den ersten Sekunden seines Falls hörte er die verzweifelten Schreie auf dem Dach. Auch SEINE Schreie. ER schrie laut, voller Wut. Es klang unmenschlich und mehrstimmig wie ein Dämon, der seinem Ende entgegensieht. Justin lächelte friedlich. Er hatte IHN besiegt.

Justin schlug mit dem Kopf voraus auf dem Asphalt im Eingangsbereich der Klinik auf. Crowley und die Pfleger rannten zur Brüstung, starrten auf den leblosen Körper und auf das Blut, das langsam aus ihm sickerte.

An diesem 25. Mai besiegte Justin Mortensen seine Dämonen für immer.

»Guten Tag, Luber am Apparat. Könnte ich bitte Michael Miller sprechen?«

Martin puhlte nervös an seinem Fingernagel, während er durch sein Headset das geschäftige Treiben der bulgarischen Klinik hörte. Seit dem Moment, in dem die Wohnzimmerlampe in Christines Apartment wieder zu leuchten begonnen hatte, spielte er mit dem Gedanken, in der Klinik anzurufen und sich nach seinem besten Freund zu erkundigen. Christine hatte Martin etwas gebremst, sie bat ihn, ein paar Tage vergehen zu lassen, bis sich alles normalisiert habe. Sie hätten sich schon gemeldet, wenn in der Zeit der Dunkelheit etwas Gravierendes passiert gewesen wäre, hatte sie ihm gesagt und ihm über die Schulter gestrichen.

Als Martin an diesem Morgen aufgewacht, schlaftrunken in die Küche gewankt war, um sich und Christine einen Kaffee zu machen, hatte er beschlossen, dass der Tag gekommen war. Christine hatte wenig später die Küche betreten. Eigentlich wachten sie fast immer zeitgleich auf, und dass, obwohl Martin seit Anbeginn seines neuen Lebens und seit seinem Auszug aus dem gemeinsamen Haus der Lubers auf der ausziehbaren Couch im Wohnzimmer schlief.

»Es ist der 26. Mai, Christine. Es ist der fünfte Tag, an dem der Strom wieder da ist. Ich halte es nicht mehr aus, heute ist es so weit«, hatte er ihr erklärt und Christine hatte seinen Beschluss mit einem Lächeln bestätigt.

»Herr Luber, hören Sie?«, fragte die freundliche Stimme am anderen Ende der Leitung.

»Ja, ich bin dran. Kann ich ihn sprechen?«, erwiderte Martin hastig. Er konnte es kaum abwarten, mit seinem Freund zu sprechen.

Martin und Allison telefonierten, seitdem es wieder funktionierte, jeden Tag mehrmals miteinander. Sie tauschten sich über die neuesten Erkenntnisse aus, aber Luber bekam auf sein unermüdliches Nachfragen, was es mit dem Militär und vor allen Dingen dem mittlerweile sehr stark leuchtenden Blau in der Nacht auf sich habe, keine neuen Informationen von Mark. Er sagte, er wisse es nicht und Crowley sei bereits dran. Doch weder Mark Allison noch Martin hatten bisher ein Wort über Michael verloren.

»Ich verbinde Sie zuerst mit dem zuständigen Arzt auf der Station.«

»In Ordnung.«

Martins Hände kribbelten. Hatte Michael den Stromausfall nicht überlebt? Gab es Komplikationen oder war er vielleicht auf die Intensivstation verlegt worden und war nicht ansprechbar? Lubers Kopfkino spielte einen wüsten Film aller Eventualitäten ab.

»Herr Luber, schön, dass Sie am Apparat sind. Mein Name ist Dr. Javor Blago. Ich bin der zuständige …«

»Lebt Michael?« Es war aus ihm herausgeplatzt.

»Aber natürlich lebt Mr. Miller. Machen Sie sich bitte keine Sorgen. Ich werde Sie auch gleich zu ihm durchstellen und wollte Sie lediglich auf den neuesten Stand seines gesundheitlichen Allgemeinbefindens bringen. Mr. Miller hat den Stromausfall überlebt. Anders als sechzig Prozent unserer Patienten, die sich vor dem Blackout im kritischen Zustand befanden. Es war sehr knapp, die etlichen Frakturen waren nicht das Problem, vielmehr entdeckten wir zwei Stunden, bevor das Licht ausging, einen Entzündungsherd in der Nähe seiner Schulter. Die Untersuchung hatte uns gezeigt, dass die Entzündung bereits durch den Blutkreislauf den Herzmuskel angegriffen hatte. Der typische Verlauf einer Herzmuskelentzündung, verstehen Sie. Wir können von Glück reden, dass wir diese Diagnose stellen konnten, bevor alles ausging. Andernfalls wäre Ihr Freund sicherlich nicht mehr am Leben. Die Antibiotikabehandlung hat in der Zeit ohne Strom gut angeschlagen, allerdings gingen auch diese Vorräte, wie alle anderen Medikamente, irgendwann zur Neige, sodass wir die Behandlung nach der Hälfte der angesetzten Zeit abbrechen mussten und die Entzündung sich erneut ausgebreitet hat. Langer Rede, kurzer Sinn: Wir haben seinen Tod dadurch vermieden, mussten aber vor ein paar Tagen wieder mit der

Behandlung und einer stärkeren Dosis beginnen. Er ist auf dem Weg der Besserung, Mr. Luber.«

Dr. Blago beendete seinen Satz und Martin Luber fiel ein Stein vom Herzen. Er hatte das Gefühl, während der Ausführung des Stationsarztes nicht ein einziges Mal geatmet zu haben. Luber nickte. Dr. Blago verstand das Schweigen des Mannes aus Deutschland. Dank seiner langjährigen Arbeit als Stationsarzt und Überbringer guter sowie schlechter Nachrichten hatte er einen siebten Sinn für die Reaktionen der Angehörigen und Freunde am Telefon.

»Ich stelle Sie durch, Mr. Luber. Alles Gute Ihnen.«

Die Leitung wurde stumm geschaltet, unendlich lange Sekunden verstrichen. Martin stand auf und ging in Christines Wohnzimmer auf und ab.

»Hey, du alte Socke.«

Trotz der geschwächten Stimme war es wie ein erlösender Paukenschlag, seinen besten Freund nach all der schweren Zeit zu hören.

»Verdammt noch mal! Du bist zäher als Unkraut, mein Bruder!«, johlte Martin ins Telefon und schlug sich vor Freude mit der flachen Hand auf seinen Oberschenkel. Er ließ sich auf die Couch fallen und atmete befreit aus.

»Dachtest du wirklich, dass ich wegen der paar Kratzer ins Gras beiße? Wobei ich ehrlich gestehen muss, dass ich diesen

Trip zurück auf die Erde nie vergessen werde.« Michael lachte leise, worauf ein kurzes Husten folgte.

Ein greller blauer Blitz durchzuckte für den Bruchteil einer Sekunde das Wohnzimmer. Bevor sich Martin schützend die Hand vor sein Gesicht halten konnte, war das Licht wieder verschwunden. Sein Atem stockte. Es dauerte eine kurze Weile, bis sich seine Pupillen wieder schärften, für einen Moment war er sich sicher gewesen, erblindet zu sein. Er lief zum Fenster und sah hinab auf die Straße. An seinem Ohr hörte er aufgeregte Stimmen am anderen Ende der Leitung. Die Menschen auf der Straße und auf den Gehwegen standen regungslos, in ihrer Bewegung erstarrt. Autos und Busse stoppten, der Verkehr kam zum Erliegen. Martin beobachtete, wie die Insassen der Fahrzeuge nach und nach ausstiegen und in den Himmel blickten.

»Was war das?«, flüsterte er zu sich. Er hatte ganz vergessen, dass er Michael noch in der Leitung hatte.

»Hast du das auch gesehen? Dieses blaue Blitzlicht?«, fragte ihn Michael verstört.

Es war nicht möglich, dieses seltsame Aufhellen an zwei Orten, die knapp eintausend Kilometer voneinander entfernt waren, zu sehen.

»Ja. Das … habe ... ich«, antwortete Martin langsam und betrachtete immer noch die Menschen auf der Straße.

»Es kam von überall, Martin. Sie sind da. Was auch immer dieses Blitzlicht war, es bedeutet nichts Gutes. Ich muss auflegen, der Doc kommt. Lass uns später telefonieren.« Mit diesen Worten legte sein bester Freund auf.

Martin hörte noch eine Weile dem regelmäßigen Ton der unterbrochenen Leitung zu, während er aus dem Fenster starrte. Christine stürmte in die Wohnung, warf die Einkäufe auf die Couch und eilte zu Martin ans Fenster. Die beiden sahen sich an, ohne ein Wort zu sagen, sie trugen den gleichen Gedanken in sich. Es war eine Veränderung, ein Prozess, der im Gange war, und dieser blaue Blitz würde etwas einläuten, das sicherlich nicht das Ende des bläulichen Schimmers bedeuten würde. Langsam regte sich das Stillleben unter ihrem Fenster. Die Menschen stiegen in ihre Fahrzeuge, die Mutter schob ihren Kinderwagen den Gehweg entlang, die beiden Jungen auf der Grünfläche begannen wieder zu raufen.

Während der Film des Lebens weiterlief, löste Admiral Wilkens, Mitglied des militärischen Führungsstabes der Konföderation im Weißen Haus, DEFCON 1 aus. Zwei Minuten und siebenundzwanzig Sekunden später erreichte eine SMS die über einhunderttausend Reservisten in Deutschland.

Absender: MAD-12/Gamma
Nationale Sicherheitsstufe 1: Finden Sie sich umgehend in Ihrem Stützpunkt ein.

Die Mobilisierungsnachrichten der verschiedenen Armeen riefen jeden einzelnen Reservisten auf diesem Planeten dazu auf, sich bereitzustellen. Die von der Konföderation auferlegte Ausgangssperre aller Nationen wurde innerhalb von zwei Stunden durch die jeweiligen Regierungsvertreter an die Bevölkerung kommuniziert. Die Menschen hatten sich im Laufe der letzten zwei Monate daran gewöhnt, dass sich die Katastrophen-Apps meldeten, das Fernsehprogramm unterbrochen wurde, erneut Sondersendungen und Breaking News die Medienlandschaft dominierten und man nichts anderes hörte und sah als die sich überschlagenden Neuigkeiten.

Doch an diesem 26. Mai war alles anders. In einem Abstand von zwanzig Minuten ertönte zwei Stunden lang der Katastrophenalarm in Europa. Anders als auf dem asiatischen und auf dem afrikanischen Kontinent, auf denen die Bevölkerung durch Lautsprecherdurchsagen dazu aufgefordert wurde, in ihren Wohnungen zu bleiben, heulten in Amerika die Sirenen vier Stunden lang. In Istanbul, Moskau und Stockholm kam es zu Ausschreitungen kleinerer Menschengruppen, die gegen die Ausgangssperren protestierten. Nach all dem, was die Menschheit in den letzten Monaten durchlebt hatte, war es kein Wunder, dass die Sensibilität für solche Meldungen abzustumpfen drohte.

Um 22:37 Uhr mitteleuropäischer Zeit beobachteten Martin und Christine am Küchenfenster, wie sich der blaue Schimmer am Himmel veränderte. Das stetig leuchtende Blau, das die Nacht auf bizarre Weise in ein faszinierendes Licht und Schattenspiel tauchte, hatte damit begonnen, wie ein gigantischer Leuchtturm am Firmament zu pulsieren.

Es waren zu viele Stunden, Tage und Wochen vergangen, der Organismus hatte sich an alles gewöhnt. So kam es, dass Christine Martins Frage nicht verstand.

»Spürst du es nicht?«, wiederholte Martin seine Frage und sah Christine erwartungsvoll an.

»Noch mal, Martin: Nein, ich habe keine Ahnung, wovon du redest.«

»Das Brummen. Dieses Vibrieren im Bauch. Es ist weg«, löste Martin endlich auf.

Und tatsächlich war dieses kaum hör- und fühlbare Brummen, das regelmäßig die Atmosphäre durchdrungen hatte, weg. Christine hatte das Gefühl, das sich anfangs unangenehm angefühlt hatte, schon seit einer Woche nicht mehr wahrgenommen. Entweder hatte ihr Körper gelernt, sich vor diesem minutenlangen Zittern in ihrem Magen zu schützen, oder ihr Unterbewusstsein hatte eines Tages beschlossen, es zu ignorieren. Verwundert legte sie ihre Hand auf den Bauch.

Martin beobachtete das pulsierende Licht am Himmel und runzelte die Stirn. Seine Konzentration war geschwächt. Womöglich war er übermüdet oder es lag an den vielen Ereignissen des Tages, doch er versuchte zu verstehen, was er sah.

»Das gibt es doch nicht«, flüsterte er.

»Soll ich mal den Fernseher einschalten und schauen, was es für neue Hiobsbotschaften gibt?«, fragte Christine sarkastisch und packte einen ihrer neu erworbenen Schokoriegel aus.

»Nein. Komm bitte her. Das ist nicht im Rhythmus. Das ganze Licht scheint unkontrolliert zu leuchten«, murmelte er leise.

Christine betrachtete einige Minuten lang das wiederkehrende blaue Licht und nickte.

»Du hast recht. Das sieht seltsam aus. Wie ein Lagerfeuer, das langsam ausgeht, findest du nicht?«

Christine wusste in diesem Moment nicht, dass dieser Vergleich nicht treffender hätte formuliert werden können.

Zeitgleich erreichte Martin und Christine eine SMS.

Meldung der Bundesregierung
Liebe Mitbürgerinnen und Mitbürger,
die Regierung der Bundesrepublik Deutschland hat in Abstimmung mit der Konföderation der Vereinten Nationen den globalen Notstand ausgerufen. Wir fordern Sie auf, die Ausgangssperre zu beachten, und bitten Sie,

Ihre Radio- und Fernsehgeräte ständig in Betrieb zu lassen, um Informationen zur Entwicklung der Lage verfolgen zu können.

Während Martin die SMS ungläubig noch einmal las, schaltete Christine bereits den Fernseher ein und verfolgte die Rede des Regierungssprechers. Der neue Pressesprecher informierte die Bevölkerung mit zitternder Stimme über die aktuelle Lage. Christine betrachtete die unzähligen Flaggen im Hintergrund und schaltete dann auf den italienischen Nachrichtensender, den sie ab und zu sah, um ihre Italienischkenntnisse nicht zu verlernen. Es war ein bizarres Bild, das sich ihr bot: eine Pressesprecherin, die Flaggen aller Nationen im Hintergrund und in der unteren rechten Ecke das Symbol der KA, Konföderation Atmosphäre, die nach Beginn der Wolkenphänomene von den Nationen dieser Welt ins Leben gerufen worden war. Schnell schaltete sie um und betrachtete eine japanische Pressesprecherin in exakt dem gleichen Szenario. Christine wechselte wieder auf den deutschen Sender. Etwas passierte, etwas Organisiertes, das die Menschheit bis zum heutigen Tage noch nie erlebt hatte. Der Pressesprecher der Bundesregierung erklärte in einem langsamen und ruhigen Ton, dass die Konföderation der Vereinten Nationen aufgrund einer Anomalie in der Antarktis zu dem Entschluss gekommen sei, natürlich und ausschließlich aus präventiven Gründen, die zu einem späteren Zeitpunkt bekanntgegeben werden sollten, den globalen Notstand und eine eintägige Ausgangssperre zu verhängen. Selbstverständlich bestehe kein Grund zur Sorge, die Lage sei unter Kontrolle und man arbeite mit Hochdruck daran, das »Problem« zu lösen. Man habe lediglich eine Anomalie auf der Oberfläche des Eiskontinents entdeckt, die es nun zu beheben gelte.

Christine schaltete den Fernseher ab. Sie ertrug die offensichtliche Augenwischerei des Moderators nicht mehr. Wütend ergriff sie ihr Handy und wählte Marks Nummer.

»Hallo Chr…«

»Mark, was soll dieser Schwachsinn im Fernsehen? Hatten wir nicht vereinbart, uns immer so schnell wie möglich über den neuesten Stand der Dinge zu informieren? Waren nicht wir es, die im April eine Verbindung zu Michael aufgebaut haben? Ohne uns, ohne Michael und Martins Zusammenarbeit, wäre die Menschheit bereits am Arsch. Was zum Teufel ist los mit dir?«, schrie Christine in ihr Telefon, sodass Martin zusammenzuckte.

So wütend hatte er Christine seit seinem ersten Tag bei Culligs noch nie erlebt. Für einen Moment herrschte Stille in der Leitung, Christine konnte Mark atmen hören.

»Hat es dir jetzt die Sprache verschlagen oder arbeitet der feine Wissenschaftler aus New York nur noch mit dem FBI zusammen? Ich rede mit dir, verdammt noch mal«, fauchte Christine ins Telefon.

Martin machte eine beschwichtigende Geste und signalisierte ihr, dass sie Mark wenigstens die Chance geben solle, sich zu rechtfertigen. Christine zog ihre Augenbrauen überrascht nach oben und presste ihr Handy auf Martins Brust.

»Bitte schön. Dann mach du das. Vielleicht kannst du ihn ja ein bisschen bezirzen und dem feinen Herrn höflichst darum bitten, den Mund aufzumachen. Ich habe langsam die Schnauze voll von dieser Geheimniskrämerei.« Wütend öffnete sie die Balkontür, trat hinaus und versuchte, sich an der frischen Luft zu beruhigen.

Martin nahm das Telefon seiner Kollegin ans Ohr und seufzte hinein.

»Tut mir leid, Mark. Du weißt, sie meint das nicht so. Ich bin mir sicher, du hättest uns schon etwas gesagt, wenn …«

»Alles okay. Ich hätte dich sowieso gleich angerufen. Ich habe dir gerade Bilder an deine E-Mail-Adresse geschickt. Ruft mich bitte zurück, wenn ihr es überflogen habt.«

Martin ging zu Christines persönlichem Rechenzentrum, das sich auf der anderen Seite des Wohnzimmers befand. Der Internetbrowser war schnell geöffnet und wenige Momente später loggte er sich in seinen privaten E-Mail-Account ein. Neben den üblichen Spammails, die nach dem Wiederaufbau des Stromnetzes auch wieder ihren Weg zu Martins Adresse gefunden hatten, fand Martin die Mail von Mark.

Hallo ihr beiden,
ich denke, ich muss nicht erwähnen, dass diese Mail danach gelöscht werden soll.
Bild 1: Antarktis 28. April. Satellitenaufnahme ISS
Bild 2: Antarktis 26. Mai. Satellitenaufnahme ISS
Bild 3: Antarktis 26. Mai. Nahaufnahme Tiangong 2
Bild 4: Antarktis 26. Mai. Nahaufnahme Tiangong 2
Bild 5: Antarktis 26. Mai. Nahaufnahme ISS
Gruß
Mark

Martin öffnete das erste Bild und sah die Antarktis, wie sie seit jeher ausgesehen hatte. Die riesige weiße Schneemasse überzog den Kontinent. Der Mauszeiger schloss das erste und öffnete das zweite Bild. Fast einen Monat später war von dem natürlichen Weiß kaum noch etwas zu erkennen. Dunkle Schwärme überzogen die Antarktika. Martin beugte sich zum Bildschirm, erkannte allerdings nur eine Vielzahl dunkler Punkte, die mal mehr oder weniger dicht über den Eiskontinent verteilt waren. Er öffnete das dritte Bild, die Nahaufnahme der chinesischen Raumstation Tiangong 2. Ungläubig sah er auf das Foto, das die Station aufgenommen hatte. Für einen kurzen Augenblick hatte er das Gefühl, ohnmächtig zu werden und kraftlos vom Stuhl zu rutschen. Die deutliche und detaillierte

Aufnahme zeigte einen kleinen Ausschnitt irgendwo auf dem Eiskontinent. Martin erkannte Menschen, die augenscheinlich auf der Reise waren. Einige gingen zu Fuß, doch der Großteil schien sich auf den Händen fortzubewegen. Bekleidet waren die Wesen mit langen Hosen und kurzärmligen Oberteilen. Die Kälte schien den Geschöpfen nicht das Geringste auszumachen.

»Christine, komm sofort her«, stammelte Luber und öffnete das vierte Bild von Allisons E-Mail.

Christine trottete zu Martin und sah auf den Bildschirm.

»Hat der feine Herr … oh mein Gott.« Christine stoppte ihre Schimpftirade und nahm sich den zweiten Stuhl. Sie ließ sich auf das Polster fallen, ohne den Blick von der Aufnahme abzuwenden.

»Du siehst, was ich sehe, oder?«, fragte Martin.

»Das wollte ich dich auch gerade fragen«, flüsterte Christine. Ihre Hände begannen zu zittern.

Die Wesen auf der vierten Satellitenaufnahme schwammen durch den Südatlantik. Ein bizarres Bild, das der Werbekampagne eines überlaufenen Badeortes hätte entsprungen sein können. Die Realität, mit der Martin und Christine in diesem Moment konfrontiert wurden, zeigte den eiskalten Atlantik mit seinen gefährlichen Strömungen. Die Geschöpfe schwammen in einer dreieckigen Formation zu Hunderten im rauen Meer. Die Nahaufnahme zeigte nur einen Ausschnitt der schwimmenden Wesen und ließ offen, ob es sich um ein paar Hundert oder gar ein paar Tausend dieser Geschöpfe handelte. Martin schloss auch dieses Bild und öffnete das fünfte Bild aus der beängstigenden Serie, die Mark Allison geschickt hatte. Zu sehen war die Tierra del Fuego, die südlichste Küste Argentiniens. Die Vergrößerung auf diesem Bild zeigte, wie die Wesen die südamerikanische Küstenspitze betraten. Teils auf Händen, teils auf Füßen bahnte sich eine unüberschaubare Masse an Geschöpfen ihren Weg auf das Land.

Martin nahm sein Handy und wählte Marks Nummer.

»Habt ihr es euch angesehen?«

»Was passiert hier?«, fragte Christine, die ihren Groll vergessen hatte und immer noch das letzte Bild betrachtete.

»Wenn es nicht so verdammt ernst wäre, würde ich über meine eigenen Worte jetzt lachen. Es ist eine Invasion, Christine. Die Aufnahmen des Ozeans und der Küste wurden in einem Abstand von fünfundzwanzig Minuten gemacht. Die Distanz zwischen den beiden Orten beträgt mehr als einhundertfünfzig Kilometer. Es müssen mehrere Tausend dieser Kreaturen sein, die nach Südamerika kommen. Die neuesten Aufnahmen habe ich euch noch gar nicht geschickt. Sie zeigen den letzten Wolkenkranz und diesen gottverdammten Wirbel. Wir erkennen auf den Bildern fast keine Eisoberfläche mehr. Die ganze Antarktika scheint binnen kürzester Zeit besiedelt zu sein. Es wird nicht mehr lange dauern, bis die ersten Meldungen über die Sichtung der Kreaturen in der Küstenprovinz in den Medien die Runde machen werden. Die Konföderation versucht, die Bedrohung noch geheim zu halten. Es wird scheitern, meine Freunde. Die US-Regierung zieht alle verfügbaren Truppen zusammen und verstärkt die Grenzen zu Uruguay, Bolivien und Paraguay. Der Plan ist es, Argentinien hermetisch abzuriegeln.«

»Die Konföderation gibt ganz Argentinien auf?« Martin konnte nicht fassen, was Mark ihnen erzählt hatte.

»Nein, Martin. Erstens wissen wir nicht, was diese Geschöpfe wollen, da noch kein Kontakt zu ihnen aufgenommen wurde. Zweitens ergibt es keinen Sinn, sich auf vereinzelte Konfrontationen, verteilt über ganz Argentinien, zu konzentrieren. Es ist nur eine Sicherheitsmaßnahme. Die Grenzen werden komplett abgeschottet, die Marine ist im ganzen Gebiet unterwegs, um auch die Meereswege zu kontrollieren und zu sichern. Sie wollen erst einmal herausfinden, was hier eigentlich vor sich geht.«

»Gab es Kämpfe an der Küste?« Christine ahnte, dass Mark die beiden zwar mit Informationen versorgen, aber sie in erster Linie beruhigen wollte.

Mark schwieg für einen Moment. Es war genau diese eine Sekunde, die er zu lange zögerte.

»Mark, gab es Tote?« Christine wiederholte die Frage, deren Antwort sie schon zu wissen glaubte.

»Die letzte Information von Crowley ist, dass es bisher 237 Tote gibt.«

»Oh mein Gott. Warum muss das Militär etwas angreifen, das es weder kennt noch einschätzen kann?«, schimpfte Christine los, doch Marks nächster Satz, zog ihr den Boden unter den Füßen weg.

»Wir reden von 237 toten Menschen. Diese Wesen töten alles und jeden, den sie sehen, binnen Sekunden. Menschen, Kühe, Katzen, einfach alles. Es gab vor einer Stunde Funkkontakt mit der örtlichen Polizei. Sie haben der Regierung mitgeteilt, dass sie sich aus der Küstenregion zurückziehen. Diese Kreaturen wichen den Schüssen der Beamten aus, als würden die Kugeln in Zeitlupe auf sie zufliegen.«

Im Laufe der Tage wurde die Ausgangssperre gelockert, um einen Kollaps der Infrastruktur zu vermeiden. Die Bevölkerung wurde gebeten, sich ab den Abendstunden von den Straßen fernzuhalten.

Das Gespräch mit dem ansonsten gutmütigen Sizilianer war anders verlaufen, als es sich Maria gewünscht hatte. Leonardo weigerte sich vehement, Palermo zu verlassen, und redete mit Engelszungen auf die alleinerziehende Mutter ein. Er sagte ihr, dass der Schutz in einer Großstadt unter vielen Menschen höher zu werten sei als alleingestellt in ihrem Dorf Cefalú, abseits des lebendigen Treibens und der unzähligen Augen. Der Strom war zurückgekehrt und das italienische Militär verlegte unzählige Kriegsschiffe an die Küste des Mittelmeers. Leonardo bat Maria, noch ein wenig zu warten, bis sich die Dinge beruhigt und die Soldaten und Kriegsschiffe ihren Rückzug angetreten haben würden.

Auch in Sizilien hatten die Menschen den grellen Blitz des blauen Lichtes und das nachfolgende leichte Pulsieren und Flackern in der nächsten Nacht gesehen. Der blaue Schimmer war ein für alle Mal erloschen und die militärischen Aufmärsche in allen Ländern ließen die Frage nach dem mysteriösen Licht und der Vibration in den Hintergrund geraten. Die Truppenstärke wurde innerhalb der nächsten Tage verdreifacht, sodass Maria am Morgen des 28. Mai Leonardo vor die Wahl stellte, mit ihr und Gabriel zurück nach Cefalú zurückzukehren oder allein bei Emilia und Matteo zu bleiben. Letztendlich gab er nach.

Es war wohl eine Fügung des Schicksals, dass Matteo kurz vor ihrer Abreise auf dem Markt noch ein bisschen Proviant als Abschiedsgeschenk für seine Gäste kaufte. Vor der Kirche hatte sich eine Menschentraube gebildet. Etwas ging vor sich, das Gemurmel war laut an diesem sonnigen Tag. Als Matteo die erste Reihe erreicht hatte, sah er Franco, den mürrischen Einzelgänger, stehend auf einer Orangenkiste. Er sprach zu den Menschen. Wie bei der letzten Begegnung mit dem ansonsten schweigsamen Eigenbrötler waren seine Augen weit aufgerissen und sein Redebedürfnis schien auch diesmal nicht enden zu wollen.

Matteo erzählte Maria und Leonardo auf dem Weg zu ihrem geliehenen Traktor, dass Franco in der letzten Nacht wieder Funkkontakt mit dem Unbekannten aus Südamerika aufgenommen habe. Es sei die gleiche Frequenz, sogar die gleiche Uhrzeit, und der Unbekannte, dessen Namen Franco auch diesmal nicht erfahren habe, erzählte, dass rund um den Flughafen alle Menschen tot oder geflohen seien. Sogar das Militär habe den Rückzug angetreten und die Polizeistation in der Nähe des Towers, von dem aus der Fremde funke, sei verlassen. Er erzählte von toten Tieren, die offenbar zur falschen Zeit am falschen Ort gewesen waren. Viele der Leichen wiesen keinerlei Verletzungen auf, doch den meisten stehe die Todesangst ins versteinerte Gesicht geschrieben. Er habe sie gesehen, habe der Mann erzählt. Es seien Tausende, die auf Händen an dem Tower vorbeiliefen. Diese Monster machten mit ihren Kehlen klackende Geräusche, sahen aber aus wie normale Menschen. Es mache augenscheinlich den Eindruck, als würden sie mit Leichtigkeit auf den Händen marschieren. Ihre Kleidung sei noch durchnässt von der Überquerung des Meeres, aber sie scheinen keineswegs müde oder erschöpft. In einer unmenschlichen Geschwindigkeit bewegten sich die Lebewesen auf Händen und Füßen. Kein Mensch könne sich so schnell fortbewegen, fügte er hinzu und begann wieder zu weinen. Der Mann habe sich eingesperrt, die Tür von innen verriegelt und sei sich sicher, dort sein Ende zu finden. Franco habe erfahren, dass der Funker nun seit Tagen den nicht abreißenden Strom beobachte und seine Vorräte nun zur Neige gingen.

Franco hatte vor der Kirche des Marktplatzes gestanden und wie ein wirrer Prediger das Ende der Welt und den Untergang der Zivilisation prophezeit. Die Menschen auf dem Marktplatz hatten sich nach und nach von ihm abgewandt und waren ihren Einkäufen nachgegangen. Als Franco Matteo entdeckt hatte, hatte er ihm direkt in die Augen gesehen und ihm gesagt, er solle sich verstecken. Weit, weit weg von Palermo. Er solle sich tief im Wald eine Höhle graben, wenn er den kommenden tödlichen Sturm überleben wolle. Franco hatte verzweifelt geschrien, dass die Regierungen dieser Welt davon wüssten und eine Massenpanik vermeiden wollten. Er hatte davor gewarnt, den Medien blind zu glauben. Er habe es mit eigenen Ohren gehört. Sein Funkpartner habe durch das Fernglas gesehen und das Ende des Schwarms, der aus dem Meer kam, nicht erkennen können.

Franco war von seiner Orangenkiste abgestiegen. Er war auf die Knie gefallen, hatte seine Hände gefaltet, in den Himmel geblickt und gebetet.

Nachdem Matteo erzählt hatte, was sich auf dem Markt zugetragen hatte, lachte Leonardo kurz. Maria und Matteo sahen den Fünfzigjährigen stirnrunzelnd an und warteten auf eine Erklärung. Francos Geschichte ließ Maria nachdenklich werden und bestärkte sie in ihrem Vorhaben.

»Kommt schon. Das ist ein seltsamer Eigenbrötler, das hast du selbst gesagt, Matteo. Wahrscheinlich verträgt der die Einsamkeit nicht oder leidet unter Wahnvorstellungen. Ich denke, dass er spinnt«, rechtfertigte sich Leonardo.

Maria nahm Matteos Geschenkkorb, ohne auf Leonardos Worte einzugehen. Sie umarmte Matteo, bedankte sich für die großzügige Gastfreundschaft und gab dem jungen Mann einen Kuss auf die Wange.

»Lass uns bitte in Kontakt bleiben, wir müssen wissen, wie sich die Dinge in Palermo entwickeln.«

Matteo nickte und begleitete die drei zu dem Traktor, der unweit der Wohnung stand.

Nach zwanzig Minuten auf dem Traktor erinnerte sich Maria wieder daran, wie unangenehm und beschwerlich der Ritt auf dem landwirtschaftlichen Gerät gewesen war. Es half alles nichts, sie wollten den Traktor wieder zurückgeben und hatten den Iaconellis auch ein kleines Geschenk als Entschuldigung für das ungefragte Ausleihen besorgt. Als Leonardo auf die Straße in Richtung Cefalú fuhr, schlief Gabriel tief und fest. Die Reise raus aus der Großstadt zurück in das kleine Dorf verlief größtenteils ruhig.

Mit gemischten Gefühlen hielt Leonardo das Lenkrad fest in seinen Händen, als Maria ihn plötzlich antippte. Der Sizilianer folgte ihrem Blick und stoppte den Traktor. Sie befanden sich in Buonfornello, knapp zwanzig Kilometer vor Cefalú. Der kleine Küstenort erstreckte sich bis ans Meer, auf das Maria wortlos blickte.

»Sind wir schon da?«, murmelte Gabriel schlaftrunken und rieb sich seine Augen.

»Nein, Schatz. Schlaf weiter, wir machen nur eine kurze Pause. Es dauert nicht mehr lange.« Maria streichelte ihrem Sohn liebevoll übers Haar.

Wenige Sekunden später war Gabriel wieder eingeschlafen, sodass Maria und Leonardo leise vom Traktor stiegen und ein paar Meter in Richtung des Meeres gingen. Eine Gruppe von vier Soldaten der italienischen Armee stand am Strand und blickte mit Ferngläsern auf das Meer. Als Maria sich gerade aufmachte, die Soldaten anzusprechen, hielt Leonardo sie am Arm fest.

»Was machst du denn?«, flüsterte er.

»Na, ich will sie was fragen, du Angsthase«, antwortete sie und ging zu den bewaffneten Männern.

Ein junger Soldat um die zwanzig drehte sich zu Maria um und sah sie fragend an.

»Verzeihen Sie bitte die Störung. Es ist nur die reine Neugier. Was machen Sie und Ihre Kollegen denn hier fernab von Palermo?«

Vielmehr war es ihre innere Unruhe, wissen zu wollen, was die Armee wenige Kilometer vor ihrer Heimat zu suchen hatte. Waren es nicht die Grenzen, die abgeriegelt worden waren? Maria wollte diese Männer weder in ihrem Dorf noch in ihrer Nähe haben. Der Mann lächelte und senkte sein Fernglas.

»Machen Sie sich keine Sorgen. Unsere Division kontrolliert nur alle paar Kilometer den Routenverlauf der Flotte, die hier vorbeikommen wird.«

Der Soldat stammte nicht aus Palermo, er kam nicht einmal aus Sizilien. Maria tippte aufgrund seines Dialektes darauf, dass der junge Mann in Florenz oder Mailand sein Zuhause hatte.

Diese Tatsache beunruhigte sie noch viel mehr als der Fakt, dass eine Flotte an der Küste ihrer Heimat vorbeigeschickt wurde.

Maria analysierte vor ihrem geistigen Auge den eventuellen Routenverlauf der Kriegsschiffe. Die Flotte musste im Hafen von Rom ausgelaufen sein, alles andere ergab keinen Sinn. Somit gab es nur ein einziges Ziel, das infrage kam. Hätte das Militär Sardinien im Visier gehabt, so wäre der Weg durch das Tyrrhenische Meer geradeaus verlaufen und niemals über Palermo. Das einzige Ziel, das ihr logisch erschien, war der Schutz Siziliens vor Tunesien.

»Ist alles in Ordnung?«, fragte der Soldat und sah Maria besorgt an, die aus ihren Gedanken gerissen wurde und seine Frage mit einem schnellen Nicken bestätigte.

»Ist Cefalú sicher? Es befindet sich südlich von hier, ungefähr …«

»Ich weiß, wo sich Cefalú befindet. Nun, die Ausgangssperre wurde von der Konföderation auf die Abend- und Nachtstunden beschränkt. Ich rate Ihnen, sich daran zu halten.«

Maria verabschiedete sich von dem freundlichen Soldaten und die drei setzten ihre Heimreise fort. Eine Stunde später erreichte der Traktor ihren Heimatort. Maria war erleichtert, viele ihrer Nachbarn auf den Feldern und Straßen des kleinen Ortes wiederzusehen. Die Normalität war zurückgekehrt. An diesem Abend nahm Maria nach langer Zeit wieder einmal ihr Tagebuch in die Hand. Die Ereignisse der letzten Tage und ihre innere Unruhe hatten sie vom Schreiben abgehalten.

28. Mai, 22:47 Uhr

Mein kleiner Engel hat sich sehr über den langen Ausflug gefreut und möchte das so schnell wie möglich wiederholen. Er hat Matteo ins Herz geschlossen. Ich habe das auch. Ich glaube, dass Leonardo ein wenig enttäuscht und traurig ist, weil wir wieder in Cefalú sind. Ich habe ihn sehr dazu gedrängt, aber mein Gefühl sagt mir, dass er es mir noch danken wird. Etwas Eigenartiges geht hier vor sich, das ich nicht in Worte fassen

kann. Die blaue Nachtsonne ist verschwunden und das komische Gefühl in der Magengegend auch. Niemand scheint zu hinterfragen, was der Ursprung des Ganzen ist. Leonardo meinte, dass die vielen militärischen Aktivitäten momentan die Schlagzeilen bestimmen würden und es sicherlich noch aufgeklärt werden wird. Vielleicht hat er damit recht.
Unser Zuhause haben wir unbeschadet wieder aufgefunden. Es fehlt nichts im Haus. Nichts im Garten. Allerdings habe ich einen kleinen, grünen Aufkleber neben unserer Haustürklingel gefunden. Ich kann mir darauf keinen Reim machen, aber vielleicht denke ich auch einfach zu viel nach. Eventuell waren es die Nachbarskinder. Ein Streich, mehr nicht. Ich bin müde und freue mich auf mein eigenes Bett. Es ist sehr schön, wieder in dir zu schreiben, mein stummer Freund und Begleiter. Bis morgen.

Maria klappte das Tagebuch zu und sah aus dem Küchenfenster auf die grüne Wiese, die sich bis ans Haus erstreckte. Das regelmäßige Zirpen der Grillen klang wie Musik in ihren Ohren. Sie liebte das Landleben und beschloss in dieser Nacht, Cefalú nicht eher zu verlassen, bis sich alles normalisiert hatte. Ihr Vater hatte ihr als Kind immer gepredigt, dass sie auf ihr Bauchgefühl hören müsse.

»Menschen lügen dich an, dein Bauch tut das nicht«, hatte er lachend zu ihr gesagt, und das hatte sich die achtunddreißigjährige Frau verinnerlicht.

An diesem Abend konnte Maria nicht ahnen, dass ihre Entscheidung, in Cefalú zu bleiben, ihren Sohn und sie vor dem sicheren Tod bewahren sollte.

Das Servicepersonal stellte vorsichtig drei Kannen mit Kaffee und drei Kannen mit Tee auf den ovalen Tisch. Der fensterlose Raum befand sich im ersten Untergeschoss des großen Anwesens. Eine Frau in einem dunkelblauen Blazer und einer schneeweißen Bluse schenkte sich eine Tasse Kaffee ein und blickte in die stumme Runde. Alle waren in ihre Unterlagen und Notebooks vertieft. Sie schienen die Zeit nutzen zu wollen, bis der letzte und wichtigste Teilnehmer der außerordentlichen Sitzung den Raum betreten würde. Mit zehn Minuten Verspätung erschien der Moderator und Vorsitzende des Krisenmeetings. Ein mit Augenringen gezeichneter Tom Midler lächelte müde in die Runde und setzte sich an die Spitze des Tisches am anderen Ende. Mit zitternden Händen schenkte er sich eine Tasse Kaffee ein. Randvoll und schwarz. Er nippte daran und hoffte, die Wirkung des Koffeins schnell zu spüren. Admiral Wilkens stand auf, beugte sich zum Präsidenten der Vereinigten Staaten hinüber und legte eine Mappe vor seine Tasse. Midler blätterte bedächtig durch die wenigen Seiten. Schließlich schloss er die Mappe, auf der in schwarzen Lettern »Top Secret« stand, und rieb sich seine Augen.

»Ich danke Ihnen, dass Sie so kurzfristig in das Weiße Haus gekommen sind, meine Damen und Herren. Der Grund unserer Sondersitzung sind neueste Aufzeichnungen, die uns vor wenigen Stunden von den chinesischen und amerikanischen Satelliten erreicht haben.«

Midler startete den Projektor, der das erste Foto auf die große Leinwand warf.

»Was Sie hier sehen können, ist der nördliche Teil der Antarktis. Wir haben verstanden, dass außer diesen Wesen, die immer noch aus dem Wirbel kommen, nun auch … wie nennen wir es am besten … Kugeln die Antarktis bevölkern.«

»Kugeln?« Der Verteidigungsminister sah den Vorsitzenden der Konföderation verständnislos an.

»Wir können es momentan nicht anders benennen. Die Kugeln scheinen eine metallische Oberfläche zu haben. Sie haben unterschiedliche Durchmesser, die etwa zwischen einem und drei Metern liegen. Diese Objekte bewegen sich anscheinend selbstständig über den Kontinent. Es handelt sich hierbei offenbar um die ›silbernen Wächter‹, so nannte sie Michael Miller, nachdem wir ihn da rausgeholt haben. Miller ist leider nicht vernehmungsfähig, da er vor wenigen Stunden in ein künstliches Koma versetzt worden ist. Seine Entzündungen haben sich verschlimmert. Was diese Geschöpfe angeht … nun, sehen Sie selbst.«

Er drückte den Knopf der Fernbedienung und das nächste Bild erschien. Ein gedämpftes Raunen war zu hören. Unbeeindruckt dessen fuhr Midler mit seiner Erklärung fort.

»Sie sehen hier eine Nahaufnahme aus der Provinz Neuquén im nördlichen Teil Argentiniens. Diese unzähligen Punkte, welche Sie erkennen können, sind keine Menschen. Wir haben den Kontakt zu den Soldaten und Polizeistationen der Region verloren. Unsere Messungen haben ergeben, dass jeglicher Funkverkehr und alle Stromverbindungen von der Küste bis zur Provinz gestört oder zerstört worden sind. Wir müssen davon ausgehen, dass diese Geschöpfe Argentinien überrennen werden. Ich habe vor einer Stunde Admiral Wilkens Bitte zugestimmt, die Grenzen zu Uruguay, Bolivien und Paraguay mit mobilen atomaren Sprengkörpern zu sichern. Ein weiterer Beschuss mit einer Langstreckenrakete auf den Wirbel in der Antarktis schlug fehl. Wir können diesen Wirbel nicht zerstören, zumindest nicht mit Waffen. Ein Testflug im Süden von New Orleans schlug ebenfalls fehl, es ist nach wie vor nicht möglich, den Luftfahrtverkehr wieder in Betrieb zu nehmen. Meine Damen und Herren, ich denke, es ist an der Zeit, die Bevölkerung darüber zu informieren, was auf sie zukommt. Wir werden die Menschheit nicht weiter unter dem Vorwand der militärischen Vorsichtsmaßnahmen hinters Licht führen.

Die letzten zwei Bilder hat ein junges Mädchen aus der Provinz Neuquén in Argentinien ihrem Brieffreund via WhatsApp in die Schweiz schicken wollen. Wir konnten die Nachricht abfangen. Ihnen muss klar sein, dass auch diese

Abfangmanöver ab einer gewissen Quantität scheitern werden.« Midler drückte den Knopf.

Die Kreatur blickte direkt in die Handykamera des jungen Mädchens. Sie fletschte die unzähligen, viel zu klein geratenen Zähne. Leicht gebeugt und mit zur Seite geneigtem Kopf wirkte sie wie ein bissiger Schäferhund, der sein Gegenüber einschüchtern will. Das Foto verschwand und die zweite und letzte gesendete Aufnahme erschien. Zu sehen waren zwei Männer, offensichtlich Menschen, die leblos auf dem Boden einer Straße lagen. Weder Blut noch Verletzungen waren zu erkennen. Fünf Kreaturen hatten sich um die Leichen versammelt und blickten anscheinend desinteressiert mit zur Seite geneigten Köpfen in den Himmel.

»Was zum Teufel …« Der Verteidigungsminister konnte seinen Augen nicht trauen.

Das Bild verschwand und eine Textnachricht erschien auf der Leinwand.

»Das ist der Text, den wir samt der Bilddateien abfangen konnten«, ergänzte Midler.

Das habe ich gerade vor unserem Haus fotografiert, Robert. Die meisten hier sind tot, mein Vater liegt tot in unserem Wagen. Er sieht aus, als würde er schlafen. Ich weiß nicht, was passiert ist. Mama packt gerade alle Sachen zusammen. Sie weint. Wir müssen weg von hier. Wir gehen zu Tante Juana weiter ins Landesinnere. Ich hoffe, wir schaffen es. Ich melde mich, Robert. Mach dir keine Sorgen.

Die bedrückende Stille im Meetingraum hielt an. Tom Midler stand auf, während der Text des Mädchens auf der Wand flimmerte. Langsam ging er um den Tisch herum, bis er direkt im Licht des Beamers stand.

»Wir konnten bisher keinen Kontakt zu diesen Kreaturen aufnehmen. Doch ich bin mir sicher, dass die Grenze von Argentinien auch die Grenze für diese Wesen darstellen wird. Die momentane Truppenstärke an den Grenzgebieten liegt bei knapp 60.000 Soldaten. Weitere 75.000 Soldaten werden in den nächsten Tagen und Stunden eintreffen.

Sie werden uns nicht überrennen. Sie werden uns nicht töten. Ich werde heute noch ein Statement an die Presse abgeben. Argentinien ist verloren. Admiral Wilkens?«

Der Admiral erhob sich. Seine Ausführungen, so brutal sie auch klangen, ergaben Sinn. Das militärische Oberhaupt der Konföderation belegte, dass aufgrund der Formation und Schnelligkeit der Geschöpfe ein klassischer Häuserkampf aussichtslos wäre. Die Truppen vor Ort waren aufgrund des Stromausfalls zu spät informiert worden. Lange nachdem sich die Wesen ihren Weg durch das Meer gebahnt hatten. Wilkens schluckte und sah in die Runde der Anwesenden.

»Glauben Sie mir, das ist nicht leicht für mich und ich wünsche niemandem, solch eine Entscheidung treffen zu müssen. Wir müssen Argentinien aus strategischen Gründen seinem Schicksal überlassen und gehen von einem Kollateralschaden von circa vierzig Millionen Zivilisten aus. Es wird zu schweren Kämpfen in Buenos Aires, Rosario und anderen Metropolen kommen. Ich denke allerdings, dass der Vormarsch dieser Wesen weiterhin schnell und kampflos ablaufen wird. Wir wissen nicht, wie sie töten oder getötet werden können. Wir wissen nicht, was sie wollen, und ebenso wenig wissen wir, in welcher strategischen Formation sie sich bewegen. Sie ändern permanent ihr Muster. Wir haben auf den Satellitenbildern dreieckige Formationen entdeckt und dann wieder oval förmige. Es ist keine konstante Struktur erkennbar. Wir gehen davon aus, dass diese Kreaturen die Grenzen von Argentinien binnen fünf Tagen erreichen werden. Das Bedenklichste allerdings ist, dass uns die ISS heute Mittag Aufnahmen überliefert hat, die weitere Schwärme im Meer zeigen. Weitere riesige Schwärme, die vom anderen Ende der Antarktis Richtung Australien unterwegs sind.« Admiral Wilkens setzte sich wieder auf seinen Stuhl und starrte nachdenklich auf das Glas Wasser, das vor ihm stand.

Am Morgen des 29. Mai um 09:30 Uhr trat der Präsident der Vereinigten Staaten und Vorsitzender der Konföderation

Atmosphäre vor die Journalisten. Die Salve klickender Kameras verstummte nach wenigen Minuten.

Am Abend zuvor war die außerordentlich wichtige Ansprache an die Bevölkerung angekündigt worden. In der kurzen Mitteilung des Pressesprechers der Konföderation waren die Mitbürgerinnen und Mitbürger gebeten worden, sich Tom Midlers Ansprache anzuhören. Sei es im Fernsehen, über das Radio oder über einen der unzähligen Livestreams, die von Websites und App-Anbietern angekündigt wurden. Der morgige Tag solle die Weltordnung verändern und eine neue Epoche in der Geschichte der Menschheit einläuten.

Die martialische Ankündigung der Pressekonferenz verfehlte ihre Wirkung nicht. So kam es, dass an jenem 29. Mai über 85 Prozent der Weltbevölkerung dem Spektakel beiwohnten. Im kongolesischen Makwatsha versammelten sich die Einwohner um das einzige Transistorradio im Dorf, während sich die Menschen in Moskau am Roten Platz versammelten, um die Pressekonferenz auf einer riesigen Leinwand zu verfolgen.

Die Bildschirme sämtlicher Sender wurden schwarz und zeigten im nächsten Moment den Presseraum des Weißen Hauses. Der Präsident trug einen dunkelblauen Anzug und wirkte förmlicher und angespannter denn je. Mit versteinerter Miene trat er vor die Mikrofone und legte seine Notizen auf das Pult. Er atmete tief ein, hob den Blick und begann mit seiner Rede zur Lage der Vereinten Nationen.

Sachlich erläuterte Midler, was sich Tage zuvor abseits jeglicher Zivilisation zugetragen habe. Was das Militär und die Regierungen in Zusammenarbeit mit der NASA versucht haben, um diesen Prozess, wie er es nannte, zu stoppen. Zu keinem Zeitpunkt sei es darum gegangen, die Bevölkerung zu täuschen, vielmehr sei es das Ansinnen der Konföderation gewesen, eine Massenpanik zu vermeiden und das Problem abseits der Öffentlichkeit zu lösen. Midler räumte ein, dass der Versuch, das Problem im Keim zu ersticken, gescheitert sei. Während seiner Rede führte er die Weltbevölkerung auf den Weg der Konfrontation. Kreaturen, deren Herkunft und Vorhaben man nicht kenne, befinden sich bereits in Argentinien. In seiner Ausführung, die etwas sanfter als die harten Worte von Admiral Wilkens klang, erklärte Midler, dass sich die Konföderation auf die Grenzen zu Argentinien konzentriere und man davon ausgehe, dort den Konflikt zu lösen.

»Mir ist klar, dass meine Worte zu einer Panik führen können. Mir ist klar, dass die Menschen sich bewaffnen werden, um sich selbst und ihre Familien zu schützen. Es ergibt keinen Sinn, Ihnen das zu untersagen und Ihr Leben in die Hände des Militärs der Vereinten Nationen zu legen. Mir ist bewusst, das unzählige gläubige Menschen, egal, welcher Religion sie angehören, nun ihren Gott oder ihre Götter anzweifeln werden. Die Eigendynamik, die meine ehrlichen

Worte an Sie auslösen werden, ist nicht abzusehen. Ich bitte Sie nur, in sich hineinzuhören und einen kühlen Kopf zu bewahren. Chaos und Panik sind destruktiv. Denken Sie daran: Wir sind die Kinder dieses Planeten und so wird es auch bleiben.«

Midler nahm das letzte Blatt, das vor ihm lag. Abschließend erklärte er, weshalb ein Beschuss des Wirbels gescheitert war und dass die Vibration und auch der blaue Schimmer, die nun der Vergangenheit angehörten, wohl mit der Verflechtung der verschiedenen atmosphärischen Konstellationen zusammenhingen. Midler legte das letzte Blatt beiseite und lockerte die Krawatte. Er öffnete den obersten Knopf seines weißen Hemdes und sah in die Runde der Journalisten und Journalistinnen.

»Eine neue Ära ist angebrochen. Ich vertraue darauf, dass wir eine friedliche Lösung mit diesen Geschöpfen finden werden. Wir werden das Gespräch mit ihnen suchen, so viel sei Ihnen allen versichert. Möge Gott uns in der schwersten Stunde der Menschheitsgeschichte beistehen.«

Midler verabschiedete sich. Anders als sonst verfolgten den Präsidenten auf seinem Weg nach draußen keine Fragen, keine Zwischenrufe mit der Bitte, nochmals zu diesem und jenem Stellung zu beziehen. Eine bedrückende Stille erfüllte den Raum in Washington.

Nach der Ansprache des Präsidenten machte sich eine alte Frau in der argentinischen Küstenprovinz Chubut auf den Heimweg. Sie verließ die Cafeteria, die sie schon seit vierundvierzig Jahren ihr zweites Zuhause nannte.

Die Aufregung war groß, in Chubut munkelte man schon seit Tagen von eigenartigen Todesfällen und einer großen Gruppe Mähnenwölfe, die in der Küstenregion ihr Unwesen trieben. Die Konföderation hatte die Gerüchte aufgeklärt und die Männer der Provinz beratschlagten sich über die Bewaffnung und darüber, welche Strecken man für die Patrouillen am besten nehmen sollte.

Sie wollte die enge Seitenstraße überqueren, die sie zu ihrer nahe gelegenen Wohnung führen sollte, als sie plötzlich ein klackendes Geräusch hinter sich hörte. Langsam drehte sie sich um und entdeckte eine Gruppe von zehn Männern, die augenscheinlich schon am frühen Morgen akrobatische Kunststücke neben der Cafeteria vollzogen. Acht der Artisten bewegten sich im Handstand auf das Café zu, während die anderen beiden der Gruppe in einem kleinen Abstand gehend folgten.

»Wo habt ihr eure Zelte aufgeschlagen?«, rief Lola den Männern zu, die augenblicklich stoppten und sich im Handstand zu der Frau drehten. Lola winkte ihnen zu und lächelte. Sie mochte den Zirkus schon immer und dachte an ihre beiden Enkelkinder und daran, den Kleinen in diesen schweren Zeiten ein paar Stunden der Unterhaltung schenken zu können. Die Gruppe wandte sich wieder ab und sie sah, wie einer der Männer mit seinem Fuß die Türklinke des Cafés herunterdrückte. Lola applaudierte. So ein Kunststück hatte sie noch nie gesehen und war fasziniert von dem Gleichgewichtssinn des jungen Mannes. Die Akrobaten verschwanden in dem Lokal und Lola überquerte die Seitenstraße Richtung Wohnung. Sie nahm sich vor, ihrem Mann davon zu erzählen, als sie Schreie hörte. Die achtzigjährige Frau fuhr herum und sah nur noch im Augenwinkel, wie zwei der Künstler in einem rasanten Tempo auf Händen wegliefen. Lola eilte zurück, sie vermutete einen Diebstahl. Sie öffnete die Tür. Es machte den Anschein, als wären die Gäste auf ihren Stühlen eingeschlafen. Valentina, die junge Bedienung des Cafés, lag mit geschlossenen Augen am Boden und auch Nicolás, dem das Café gehörte, lag mit leicht verdrehten Gliedmaßen hinter dem Tresen. Lola näherte sich vorsichtig der Szenerie und berührte die Schulter eines Mannes, der auf dem Stuhl zu schlafen schien. Langsam sackte der Körper zur Seite, bis der Kopf des Mannes hart auf dem Boden aufschlug. Erschrocken betrachtete Lola die Gesichter der anderen und bemerkte, wie fast zeitgleich ein wenig Blut aus ihren Nasen rann. Sie realisierte, dass alle Anwesenden tot waren. Der Lebenshauch war binnen weniger Sekunden der ganzen Cafeteria entzogen worden. Wie konnte das sein?

Keiner der Gäste wies Verletzungen auf. Schnell nahm sie ihr Handy, das ihr Mann ihr vor zwei Jahren gekauft hatte. Falls du dich verirrst oder einmal stürzt, hatte er damals zu ihr gesagt. Sie tippte die Nummer des Notrufs und hörte die automatische Bandansage mit einer freundlichen weiblichen Stimme, die ihr mitteilte, dass dieser Anschluss momentan nicht erreichbar sei. Verstört wählte sie die Nummer ihres Mannes.

»Du musst sofort herkommen, hier wurde ein Mord begangen. Ein Massenmord. Alle im Café sind tot. Komm schnell!«

»Lola, renn so schnell du kannst nach Hause. Kümmere dich nicht darum. KOMM SOFORT HEIM«, schrie ihr Mann panisch.

Lola legte auf und befolgte den Rat ihres Mannes. Er hatte schon immer ein Gespür dafür, in schweren Lebenslagen den richtigen Weg zu wählen. Sie steckte ihr Handy ein, öffnete die Tür des Lokals und trat nach draußen. Sie öffnete den Mund ein wenig und schloss ihn wieder. Lola blickte in die Gesichter der beiden Akrobaten. Sie waren zurückgekommen. Sie sah einem der Männer direkt in die Augen. Emotionslos erwiderte der Mann ihren Blick und gab ein eigenartiges Geräusch von sich. Es schien aus seinem Kehlkopf zu kommen. Er neigte seinen Kopf leicht zur Seite.

»Was haben Sie getan? Was um Gottes willen haben Sie hier bloß getan?«, flüsterte Lola mit zittriger Stimme und legte ihre Hände an ihre Wangen.

Das Wesen erwiderte die Geste und fasste sich ebenfalls ins Gesicht. Erst in diesem Moment begriff Lola, mit wem sie es zu tun hatte. Das waren keine Menschen, das waren die Kreaturen, von denen der Präsident gesprochen hatte. Ihr Herz begann zu rasen und Lola, die es in ihrem Leben nicht immer leicht gehabt hatte, versuchte positiv zu denken. Die aufgehende Sonne blendete sie für einen Moment, sie hielt ihre Hand schützend über ihre Stirn und sah, dass die Kreatur ihre Geste nachahmte. Reflexartig schlug Lola die Tür vor der Nase der Kreatur zu und verriegelte sie von innen. Ihr Puls pochte in ihrem Hals, so wie sie es das letzte Mal bei der Narkosespritze vor ihrer Hüft-OP erfahren hatte. Durch das kleine Fenster im oberen Teil der Tür erkannte sie, wie die Wesen sie ausdruckslos ansahen. Instinktiv trat sie ein paar Schritte nach hinten und stolperte über die am Boden liegende Bedienung. Lola fiel und blieb auf Valentinas Körper liegen. Die Türklinke wurde nach unten gedrückt und sehr langsam öffnete sich die Eingangstür. Trotz des versperrten Schlosses. Das Geräusch des brechenden Scharniers und des Schlosses, das der unglaublichen Kraft nachgab, hallte in ihren Ohren. Sie sah die Hand des Geschöpfes, das langsam von der Klinke abließ.

»Das kann nicht sein. Das ist alles nicht echt. Ich träume bestimmt«, stammelte Lola und begriff nicht, wie dieses Ding die verschlossene Tür öffnen konnte.

Das Wesen neigte seinen Kopf nach rechts, tat ein paar Schritte auf die vor ihm liegende Frau zu und beugte sich zu ihr hinunter.

»Töte mich bitte nicht. Ich habe dir nichts getan. Lass mich gehen«, wimmerte sie in Todesangst und hielt sich ihre Hand schützend vors Gesicht.

Die Kreatur öffnete den Mund und Lola blickte auf die unzähligen, viel zu kleinen Zähne. Schließlich richtete sie sich auf, drehte sich um und ging wieder zur Tür. Das Geschöpf verharrte in dem aufgebrochenen Türrahmen, drehte den Kopf zu Lola und gab ein klackendes Geräusch von sich. Das Wesen griff in seine Hosentasche und ließ eine silberne Murmel fallen. Schließlich verschwand es so schnell, wie es gekommen war. Die alte Frau rappelte sich auf und lugte aus der Eingangstür des Lokals. Sie waren weg. Nochmals drehte sich die alte Dame um und betrachtete die kleine silberne Kugel. Sie wollte sie zwischen Zeigefinger und Daumen nehmen, doch ihre Finger rutschten von der Kugel ab. Der Gegenstand war zu schwer. Obwohl die metallische Kugel so groß war wie ihr Fingernagel, scheiterte die Frau auch bei dem zweiten und dritten Versuch, die Kugel aufzuheben.

Lola verstand die Welt nicht mehr. Sie wollte nur noch nach Hause zu ihrem Mann. Was es auch mit dieser Kugel und diesen Monstern auf sich hatte, sie wollte nichts sehnlicher, als ihren Mann zu umarmen. In dem Moment, als die Argentinierin dem grausigen Schauplatz den Rücken kehrte, spürte sie, wie etwas Rundes, Kaltes ihr Bein hochschnellte, sich an ihrem Gürtel vorbeidrückte und in ihre Bluse schnellte. Lola schrie auf und schlug mit den Händen auf ihre Brust.

»Was ist das?! Geh weg!«, schrie sie und riss sich die Bluse vom Leib.

Die Kugel huschte an ihrem Hals vorbei und verschwand mit einem stechenden Schmerz in ihrer linken Nasenhöhle. Es brannte für einen kurzen Augenblick. Lola brach zusammen. Sie fiel zu Boden. Lolas Herz blieb stehen.

Am 31. Mai, drei Tage, bevor die fremdartigen Wesen die argentinische Grenze erreichen sollten, kam es im Hauptquartier des FBI in Sofia zu einem Durchbruch. Alle leitenden FBI-Angestellten, unter ihnen Crowley, wurden in die forensische Abteilung des Gebäudes gerufen. Den abgeschotteten Arbeitsbereich des Federal Bureau of Investigation hatte Crowley in seiner beruflichen Laufbahn bisher nur ein einziges Mal vor neun Jahren in Paris betreten.

Damals war das FBI an die französische Küste des Golfs von Biskaya gerufen worden. Ein fremdartiger Meeressäuger hatte tot an einem verlassenen Strandabschnitt gelegen und war in Windeseile in die forensische Abteilung gebracht worden. Glücklicherweise hatten die Medien keinen Wind davon bekommen, sodass die Kreatur nach der Obduktion für immer in den Aufbewahrungsräumen der Geheimdienstorganisation verschwand. Selbst zwei Jahre später wurde auf Crowleys Nachfrage die Auskunft über die Ergebnisse der Untersuchungen verweigert. Das Prinzip des eingeschränkten Informationsflusses ging von jeher auf. Jeder betätigte sein kleines Zahnrad, damit das große Ganze funktionierte. Je weniger arbeitsirrelevante Informationen kommuniziert wurden, umso weniger Nachfragen von den Angestellten gab es, und die Gefahr eines Lecks innerhalb des FBI war minimal.

Crowley betrat mit drei Agenten den Fahrstuhl. Ein Mann, den er noch nie zuvor gesehen hatte, stand im Aufzug und grüßte sie freundlich. Ein Blick auf seinen Ausweis verriet, dass es sich um Edward Nomy handelte, der in Budapest stationiert war. Der Hüne steckte einen Schlüssel in ein Schloss unterhalb des Bedienungsfeldes des Fahrstuhls und drehte ihn um. Die unteren drei Fahrstuhltasten leuchteten auf.

»Es geht abwärts, meine Herren«, sagte der Mann mit dem ungarischen Akzent freundlich und drückte den Knopf, auf dem »-3« stand. Der Fahrstuhl blieb stehen, die Türen öffneten sich und Crowley blickte in einen weiß gefliesten Gang. Wortlos folgten sie Nomy durch den schier unendlich wirkenden

Korridor. Crowley war erstaunt, dass sich keine Türen zu seiner linken oder rechten Seite befanden und dachte, während er dem Kollegen folgte, darüber nach, wie lange es wohl gedauert habe, die kleinen weißen Fliesen in diesem langen Gang zu verlegen. Die Neonröhren an der Decke ließen den schmalen Flur kalt und steril wirken. Crowley war froh, dass dies nicht sein täglicher Gang zu seiner Arbeitsstätte war. Sie erreichten eine Tür am Ende des Ganges, die sich nach Eingabe einer PIN und dem Scan von Nomys Handfläche öffnete. Eine Frau mit einem Dutt in einem weißen Kittel begrüßte die Männer mit einem Handschlag.

»Guten Morgen, meine Herren. Mein Name ist Amanda Norris. Ich bin die Leiterin der Forensik für Europa.«

»Für ganz Europa?«, fragte Crowleys Kollege nach. Er hatte nicht mit so einem hohen Besuch gerechnet.

»Ja, für ganz Europa. Die Zugreise von Frankreich nach Bulgarien war nicht meine bevorzugte Art der Fortbewegung, aber bis der Luftverkehr wieder freigegeben wird, müssen wir uns den Gegebenheiten anpassen. Bitte folgen Sie mir.«

Norris drehte sich um und sah in den Iris-Scanner, der die zweite Tür des kleinen Zwischenraumes öffnete. Eine weitere Tür offenbarte sich ihnen und Crowley, der lange Jahre und mit Herzblut für das FBI arbeitete, fragte sich, ob diese Sicherheitsmechanismen wirklich notwendig seien. Schließlich fanden sie sich in einem gefliesten Raum wieder. Von dort aus führten zwei Türen in die geheimnisvollen Tiefen der forensischen Abteilung, doch für die Besucher war der runde Raum die Endstation. Crowley betrachtete den weißen Tisch. Weder Stühle noch Computer befanden sich in dem seltsam konzipierten Zimmer.

Norris positionierte sich hinter dem weißen Tisch und musterte jeden der Agenten eingehend. Dann zog sie an der Spitze des Tuchs auf dem Tisch und enthüllte einen Gegenstand, den Crowley sofort wiedererkannte. Vor ihnen lag das dünne Display, das Michael vor seinem Wiedereintritt in die Erdatmosphäre eingeschleust hatte. Offenbar war es der Forensik gelungen, neue Erkenntnisse über das blattdünne Gerät zu erlangen. Amanda Norris strich mit ihren Zeigefingern in entgegengesetzter Richtung am Rand des Displays entlang. Auf der Anzeige erschien eine Weltkarte in so kräftigen und satten Farben, wie es Crowley noch nie zuvor bei einer Grafik gesehen hatte. Die Darstellung schien förmlich aus dem Gerät springen zu wollen. Perplex öffnete er seinen Mund.

»Was Sie hier sehen, ist die Weltkarte des Planeten, von dem Mr. Miller heimkehrte. Die Schriftzeichen sind für uns lesbar, da diese Kultur zum Teil die gleiche Buchstabenfolge benutzt, wie wir es tun. Dieser Planet besteht aus zwei Kontinenten, wie Sie sehen können. Miur und Perz. Das Erstaunliche ist, dass diese Kontinentalplatten exakt gleich groß zu sein scheinen. Der rote Punkt zeigt den letzten Aufenthaltsort des Gerätes auf dem Planeten und somit auch Michaels Absprunglokation.« Norris deutete auf die kleine rot-schwarze Markierung, die in einer hohen Geschwindigkeit um ihre eigene Achse rotierte. Sie zoomte wie auf einem normalen Tablet mit Daumen und Zeigefinger in die Karte.

»Zum Teil lesbar? Ich kann auf dem Display alles erkennen. Hier steht Perz, das ist die Stadt Hain und der Ortsteil Miztra.« Crowley kreiste die schwarz-rote Markierung ein und deutete mit dem Finger auf die Orte.

Norris lächelte Crowley schwach an und strich noch einmal mit ihrem Finger auf der linken Seite des Gerätes bis zur Mitte. Die Weltkarte verschwand und eine Art Menü erschien. Die Zeichen ähnelten einer Mischung aus kyrillischen und chinesischen Schriftzeichen.

»Können Sie es immer noch lesen? Nun, wir haben diesen Screenshot an Sprachwissenschaftler und Archäologen geschickt. Er ist nicht dechiffrierbar, auch die Menüpunkte reagieren auf keine der Abfolgen, die wir mit unseren Fingern oder mit Gegenständen versucht haben.«

Die Agenten betrachteten ratlos die sechs unverständlichen Menüpunkte. Norris strich von der Mitte der linken Seite nach oben. Das Menü verschwand und die Weltkarte erschien erneut.

»Mit Abstimmung des Vorsitzes und des Präsidenten der Konföderation haben wir beschlossen, die Kreaturen in zwei Tagen mit dieser Grafik zu konfrontieren, wenn der Erstkontakt an welcher argentinischen Grenze auch immer zustande kommen wird. Die neuesten Satellitenbilder lassen eine Marschrichtung erahnen. Wenn die Kreaturen diesen Kurs und die Geschwindigkeit beibehalten, werden sie am 2. Juni um 08:04 Uhr Ortszeit die Grenze zu Bolivien erreichen. Die Konföderation hat vor zwei Stunden den Marschbefehl Richtung Yacuiba an die Truppen gegeben. Eine Grundsicherung bleibt natürlich weiterhin an allen anderen Grenzpunkten bestehen. Yacuiba ist der bolivische Flughafen nahe der Grenze zu Argentinien. Die Kreaturen scheinen sich zu einer Speerspitze formiert zu haben, was den Überschreitungspunkt der Grenze zu unseren Gunsten minimiert. Hoffen wir, dass diese Wesen die Formation nicht wieder ändern. Folgen Sie mir.«

Norris komplimentierte die Gruppe ranghoher FBI-Angestellten aus dem Raum und begleitete sie zum Fahrstuhl. Die Gruppe fuhr in den zweiten Stock des Gebäudes. Norris ging voraus und wenige Minuten später betraten sie einen der vielen Meetingräume des FBI.

»Setzen Sie sich.«

Die Leiterin der Forensik schaltete den Beamer an und warf das Satellitenbild Argentiniens an die Wand. Die Pläne für den Erstkontakt schienen weit fortgeschritten zu sein, zumindest erkannte Crowley den eingekreisten Flughafen an der Grenze zu Argentinien und eine Grafik, die die Formation der Wesen darstellte.

Norris erklärte ihnen, wie der Erstkontakt zwischen Militär und Kreaturen auszusehen habe. Der Plan sah vor, eine Stunde vor Eintreffen der Kreaturen auf einer Großbildleinwand die Grafik ihrer Weltkarte zu projizieren. Links und rechts vom Bild sollten jeweils zwei Hände zu sehen sein, die sich umfassten. Trotz der gewaltigen Verluste in Argentinien schlug die Konföderation in Abstimmung mit Admiral Wilkens einen Deeskalationskurs ein. Es war wichtig, ein Zeichen des Friedens zu signalisieren. Erst dann konnte man den Versuch wagen, eine Kommunikation aufzubauen, um zu erfahren, was der Grund ihres aggressiven Verhaltens war. Michael Millers Informationen wären Gold wert gewesen, doch das Schicksal hatte den gebeutelten Weltenbummler nach dem langen Stromausfall in ein Koma fallen lassen, sodass die Menschheit auf sich allein gestellt war. Ohne zu wissen, was vor dem Eintritt geschehen war und mit welchen Geschöpfen sie es eigentlich zu tun hatte. Das Szenario für den 2. Juni um 08:04 Uhr sah vor, dass eine Person mit erhobenen Händen vor der menschlichen Wand aus Soldaten stehen sollte. Ein weiteres Zeichen für die Gesprächsbereitschaft der Menschen.

»Natürlich hat die Konföderation auch einen Plan für ein Worst-Case-Szenario ausgearbeitet, das hoffentlich nicht eintritt«, fuhr Norris fort und blendete eine Computergrafik ein.

Hinter dem menschlichen Schutzwall zur Grenze nach Bolivien installierte das Militär mobile Raketenabschussrampen sowie Panzer und bewegliche Geschütztürme. Zusätzlich brachte die Armee an dem Länderdreieck Bolivien, Argentinien und Paraguay Abschussrampen für den Einsatz von chemischen Waffen in Stellung. Für den Fall einer Eskalation musste sich darauf vorbereitet werden, den Einmarsch dieser Geschöpfe mit Waffengewalt zu verhindern.

»Dies ist die letzte Karte, welche die Konföderation ausspielen möchte. Bei der aktuellen Operation steht die Kommunikation an erster Stelle.«

Norris rieb sich die Handflächen an ihrem Kittel trocken. Auch bei der smarten Frau verursachte diese letzte Grafik ein Gefühl der Beklemmung.

»Was ist, wenn wir sie nicht stoppen können? Was ist, wenn es zu einer militärischen Aktion kommt, die scheitert? Gibt es hierfür auch ein Szenario?«, fragte Crowley nachdenklich und betrachtete die verpixelten Soldatenköpfe, Pfeile und roten Kreise.

Norris schaltete den Beamer ab und setzte sich auf einen der leeren Stühle. Sie nahm ihre runde Brille ab und begann die Gläser mit einem Tuch zu putzen. Wortlos betrachtete Crowley die Frau und ahnte, dass ihre folgenden Worte ihren nachdenklichen Blick unterstreichen würden.

»Ja, den gibt es, Mr. Crowley. Die Grenze muss geschützt werden. Dort endet der Einmarsch der Geschöpfe. Ein weiteres Vordringen auf bewohntes Gebiet unseres Planeten wird es nicht geben«, antwortete die studierte Frau und setzte wieder ihre Brille auf.

»Verraten Sie mir auch den mysteriösen Plan B?« Crowley zog seine Augenbrauen nach oben und war gespannt, welche truppenstrategische Grafik nun kommen würde.

»Die nukleare Vernichtung der Kreaturen und somit Argentiniens«, entgegnete die Forensikerin.

Ohne Projektor, ohne Grafik und ohne Pixelsoldaten an computeranimierten Grenzen war dieser eine Satz ein Schlag in Crowleys Magengrube.

»Sie wollen ein ganzes Land nuklear auslöschen? Millionen von Menschen töten und Argentinien für die nächsten 250 Jahre unbewohnbar machen?«

»Wenn diese Kreaturen die Grenze erreichen, ist ein Großteil der argentinischen Bevölkerung bereits tot, und das wissen Sie auch, Crowley. Es wäre die letzte Option, um nicht die komplette Kontrolle zu verlieren.«

Und mit diesen Worten hatte Amanda Norris aus Frankreich recht. Der Agent wusste, dass ihre hart klingenden Worte nichts anderes waren als die Wahrheit.

»Ich habe nichts mehr bekommen. Selbst die fadesten Schokoriegel horten die Menschen jetzt anscheinend.« Schnaubend hatte Christine die Wohnung betreten.

Martin wusste, dass man ihr alles nehmen konnte. Ihr Geld, ihre Würde, ihren Job, aber unter keinen Umständen ihre geliebten Schokoriegel. Luber zog eine prall gefüllte Plastiktüte unter der Couch hervor und gab sie ihr.

»Das sind ja …« Christine riss die Augen auf. Wie ein kleines Kind freute sie sich über den Anblick.

»133 Schokoriegel zu Wucherpreisen aus sieben verschiedenen Tankstellen. Die habe ich gestern mühevoll erbeutet.«

Martin grinste Christine an, die ihn freudig quietschend umarmte. Als Martins Telefon klingelte, liefen die beiden in der Hoffnung, Michaels oder Marks Nummer auf dem Display zu erkennen, in die Küche.

Norman Spitz Mobil

Martin verdrehte die Augen und ließ sich auf den Küchenstuhl fallen. Genervt sah er auf das Display.

»Martin, geh ran. Wir vertrösten ihn nun schon, seit die Elektrizität wieder funktioniert. Wir können das nicht ewig machen.«

Luber gehorchte und nahm das Gespräch seines Chefs entgegen.

»Martin? Mann, was ist los mit dir? Ich versuche seit Tagen dich zu erreichen. Wie du weißt, war die Freistellung nur temporär. Ich weiß, dass da draußen alles drunter und drüber geht, aber ich kann die Personalabteilung nicht ewig hinhalten. Sie werden dir und Christine fristlos kündigen, wenn ihr nicht wieder zur Arbeit erscheint«, plärrte sein entnervter Chef und Liebhaber seiner Noch-Frau in den Hörer.

Martin biss sich auf die Lippen und versuchte sich zu beruhigen.

»Ach, wirklich? Hast du heute wieder dein zu enges Hemd an? Wie geht's eigentlich Sandra? Besorgt sie es dir nicht mehr richtig oder warum hast du so schlechte Laune, spitzer Norman?« Martins Kopfkino spielte ihm wieder einen Streich und beinahe hätte er in den Hörer gewiehert.

»Hallo Norman, schön, dich wieder zu hören nach all dem. Christine und ich sind krankgeschrieben. Die Krankmeldung schicke ich der Personalabteilung zu.«

»Was habt ihr denn?«

Und wieder kam die Inkompetenz seines Chefs zum Vorschein.

»Ich schicke die Meldungen rein. Ich denke, in ein bis zwei Wochen sollten wir wieder auf dem Damm sein.«

Christine sah Martin verwundert an und schüttelte den Kopf.

»In Ordnung, Martin. Wir arbeiten nun schon so viele Jahre zusammen. Ich will euch beide nicht verlieren. Ich weiß, dass die Freistellung von Culligs … nun ja, radikal war, und dann kam auch noch der Stromausfall. Aber ich möchte nur, dass du weißt …«

»Alles in Ordnung, Norman. Die Zeiten sind momentan etwas chaotisch.«

»Okay, ich halte euch den Rücken frei. Melde dich doch mal bei mir. Wir könnten mal quatschen oder uns auf ein Bierchen treffen.« Da sprach das schlechte Gewissen des Mannes, mit dem Sandra Martin jahrelang betrogen hatte.

»Werde ich machen, Norman. Bis dann.« Martin legte auf und stieß einen befreienden Seufzer aus.

»Was redest du da, Martin? Wir haben weder eine Krankmeldung noch waren wir bei einem Arzt?« Christine konnte nicht fassen, in welche Misere Luber sie mit wenigen Worten gebracht hatte.

Martin sah Christine friedfertig an, brachte ihr einen Kaffee, den er eine halbe Stunde zuvor gekocht hatte, und setzte sich zu ihr an den Küchentisch.

Während Christine am Vormittag genervt von Supermarkt zu Supermarkt gezogen war, um die letzten Lebensmittel zu ergattern, hatte Mark Allison bei Luber angerufen und ihm die Neuigkeiten, die er von Crowley erfahren hatte, mitgeteilt. Nun erzählte Martin Christine alles, was er wusste. Von dem Tablet aus der anderen Welt, dem friedlichen Plan mit der

Großbildleinwand und dem nuklearen Angriff als letzte Lösung.

Nach dem Gespräch mit Mark hatte Martin im Krankenhaus in Sofia angerufen, um sich nach dem Gesundheitszustand seines besten Freundes zu erkundigen. Die Stationsärztin hatte sich bemüht, die Situation so positiv wie möglich zu verpacken, doch Martin konnte zwischen den Zeilen lesen: Es stand nicht gut um Michael. Immer wieder erwachte er aus dem Koma, die Aufregung führte zu einer drastischen Destabilisierung seines Kreislaufs. Die damit verbundenen Herzrhythmusstörungen hatten die Ärzte zum Entschluss kommen lassen, Michael Miller in ein künstliches Koma zu versetzen. Zumindest so lange, bis die Infektion in seinem Körper unter Kontrolle und abgeklungen war.

Christine starrte in ihre volle Tasse, der Kaffee war mittlerweile kalt. Martin stand auf und blickte aus dem Küchenfenster. Ein trügerisches Bild der Harmonie bot sich ihm. Vereinzelt überquerten Menschen mit Einkaufstüten den Zebrastreifen. Ein Taxi hielt und ließ eine alte Dame mit kleinen Kartons aussteigen, während auf der anderen Straßenseite zwei Mädchen auf ihren Rädern um die Wette fuhren. München bereitete sich auf eine ungewisse Zukunft vor. Die Lebensmittelläden, Apotheken, selbst Baumärkte wurden von den Menschen leergekauft. Man bereitete sich auf das Harmagedon vor. Die Bevölkerung hatte den Glauben an die

Regierung, die Polizei und das Militär verloren. Die Situation war außer Kontrolle geraten und niemand wusste, wie eine Konfrontation zwischen den Menschen und der namenlosen Spezies verlaufen würde.

»Edgar hat seinen Laden mit Holzbrettern verbarrikadiert.« Immer noch blickte Christine in ihre Tasse.

Martin drehte sich für einen Augenblick zu ihr um, sah dann aber wieder aus dem Fenster. Die Mädchen auf den Rädern waren verschwunden genauso wie die alte Dame mit ihren Kartons. Die Straße war menschenleer. Martin hatte schon seit geraumer Zeit das Gefühl, dass die Zugvögel nach ihrer Rückkehr wieder in eine andere Himmelsrichtung geflogen waren. Wohin es auch immer die Lebewesen gezogen hatte, ihr Instinkt sagte ihnen, dass dieser Ort nicht gut war. Martin löste sich von der Kulisse und kehrte an den Küchentisch zurück. Er nahm Christines Hand in die seine und sah sie ernst an.

»Mark sagt, dass wir uns auf das Schlimmste einstellen sollen. Crowley und er hatten ein langes Gespräch und er hat mir wertvolle Tipps gegeben, wie wir uns am besten auf das Eventuelle vorbereiten können. Vielleicht wird alles gut, vielleicht ist ein Dialog möglich. Wenn die Konföderation eine friedliche Lösung nicht herbeiführen kann, dann gnade uns Gott, Christine. Niemand weiß, was die kommenden Tage, vielleicht Wochen bringen werden, aber das hier sollten wir auf jeden Fall machen.«

Martin legte einen Zettel auf den Tisch, auf dem er während des langen Telefonats Marks Tipps notiert hatte.

Checkliste

- Waffen besorgen
- Keller ausräumen
- Heizlüfter runterbringen
- Lebensmittel und Wasser runterbringen, Steckdosenleiste, Lan, Lampen
- Kiste: Kabel, Bohrmaschine, Nägel, wenn notw. besorgen
- Radio!! (TV möglich?)

Christine verstand sofort, was Martin vorhatte. Er nahm den Zettel, stand auf und ging in den Flur der Zweizimmerwohnung. Christines Werkzeugkasten befand sich in der Abstellkammer neben der Haustür. Martin holte den Kasten und überprüfte den Inhalt. Alles, was er für den provisorischen Umbau des Kellers benötigte, fand er vor.

»Du willst sofort anfangen«, stellte Christine fest.

Martin nickte, bewaffnete sich mit einem Schraubenzieher und betrat den Balkon. Er begann damit, den lackierten Holztisch auseinanderzuschrauben und die einzelnen Bretter säuberlich neben den Stühlen zu stapeln.

»Was machst du da?!«

Christine sah Martin ungläubig dabei zu, wie er die vor einem Jahr neu gekauften Balkonmöbel konzentriert zerlegte.

»Du hast ein Kellerfenster, das werden wir dicht machen. Dann werden wir alles so präparieren, dass wir im schlimmsten Fall sofort runterkönnen. Fahr bitte noch mal zu den Supermärkten und kaufe Konserven, Knäckebrot und Wasserflaschen – so viel du finden und tragen kannst. Wenn nichts passiert, werden wir darüber lachen und das Zeug nach und nach aufessen, doch wenn Mark recht behält … nun … ich mache hier einmal weiter.«

Die Stimmung war bedrückend. Auch wenn sie es nicht aussprach, stimmte Christine Marks düsterer Prognose zu. Nach der Stellungnahme der Konföderation beschlich die studierte Informatikerin zunehmend das Gefühl, dass die Regierungen dieser Welt hofften, den richtigen Weg eingeschlagen zu haben. Es war nicht absehbar, was passieren würde, falls diese Wesen nicht an einem Dialog interessiert sein oder das Handeln des Militärs missinterpretieren würden. Christine machte sich auf den Weg und fuhr innerhalb der nächsten vier Stunden etliche Supermärkte ab, um die letzten Vorräte an Lebensmitteln und Hygieneartikeln zu erbeuten.

Es dauerte bis tief in die Nacht, bis Martin völlig verschwitzt und erschöpft vor dem Kellerabteil stand und in das Innere des kleinen Raumes blickte. Der Nachbar aus dem Erdgeschoss hatte Martin um 23:47 Uhr einen Besuch abgestattet, als der gerade dabei gewesen war, mit der Bohrmaschine Löcher für die zwei Holzstreben seitlich vom Kellerfenster in den Beton zu bohren. Er müsse morgen arbeiten und empfahl Luber, einfach ein oder zwei Bier zu trinken, falls er nicht einschlafen könne. Martin lachte den Bodybuilder peinlich berührt an und versprach ihm, nur noch ein Loch bohren zu müssen. Der Mann in den Shorts entfernte sich. Eine Salve von Schimpfwörtern hallte durch das Kellerabteil und ließ Martin mit weit aufgerissenen Augen so schnell wie möglich das letzte Loch bohren. Die restlichen Bretter nagelte er, so leise es ging, an die seitlichen Schienen und betrachtete das fertig umgebaute Kellerabteil um drei Uhr in der Früh des 1. Junis. Einen Großteil des Kellerinhaltes hatte er in den Wäschekeller nebenan verfrachtet und mit einem Zettel versehen, auf dem stand, dass die Gegenstände im Laufe der nächsten Tage entfernt werden würden.

»Das passt. Das sollte funktionieren«, flüsterte er erschöpft und betrachtete die Luftmatratzen und den kleinen Beistelltisch, der als Esstisch dienen sollte. Die Regale, in denen noch Stunden zuvor abgelaufene Wandfarbe und alte Kartons mit Weihnachtsdekoration gestanden hatten, trugen nun Konserven, Plastikflaschen und Hygieneartikel. Glücklicherweise begeisterte Christine sich nicht nur beruflich, sondern auch privat für Technik. So hatte Martin neben einer Vielzahl unnützer Gadgets mit USB-Anschluss auch einen kleinen tragbaren Fernseher gefunden. Die einzige Steckdose in dem Kellerabteil versorgte dank der aneinander geschlossenen

Steckdosenleisten, die Martin zusammengesucht hatte, den Raum mit acht Plätzen für einen Stromanschluss. Luber sperrte das Kellerabteil ab und überlegte, während er die Treppen hinaufstieg, ob er an alles gedacht habe.

Christine saß auf der Couch und trank eine Tasse Tee, als Martin die Wohnung aufsperrte.

»Aber warum muss das im Keller sein, Martin? Ist es hier im zweiten Stock nicht sicherer?«, fragte sie und sah ihren Kollegen und Seelenverwandten verwundert an.

»Crowley hat sich diesbezüglich bedeckt gehalten. Mark meinte nur, dass Crowley einen inoffiziellen Bericht des Militärs hatte sehen können. Es war eine Dokumentation über die Todesopfer in Argentinien. In der Meldung des Truppenführers hatte sich herauskristallisiert, dass die Opfer ausschließlich oberhalb der Erde zu finden waren. Die Soldaten haben beispielsweise ein unversehrtes altes Ehepaar in dem Keller ihres Hauses gefunden genauso wie einen kleinen Jungen, der in seiner Panik in die Kanalisation gestiegen war. Anders verhielt es sich über der Erde. Sogar im dreizehnten Stock eines Hochhauses hat man Leichen gefunden. Selbst Monteure, die an den Hochspannungsmasten arbeiteten, hingen leblos in ihren Gurten. Mehr weiß ich auch nicht. Aber mein Bauchgefühl sagt mir: Ja, ab in den Keller mit uns. Eventuell konzentrieren sich diese Wesen nur auf die Oberfläche. Nehmen wir es einfach als gegeben hin.«

Gegen sechs Uhr in der Früh fiel Martin in den Tiefschlaf und wurde gegen Mittag barsch von Christine geweckt. Sie rüttelte an seiner Schulter.

»Wach auf, Martin. WACH AUF!«

Luber öffnete die Augen und versuchte seine Sinne zu schärfen.

»Ist es so weit? Müssen wir runter?«, murmelte er schlaftrunken.

»Blödsinn. Aber sie bringen im Fernsehen gerade Neuigkeiten über die Entwicklungen. Diese Monster werden wohl noch heute Nacht die Grenze erreichen.«

Martin richtete sich auf und sah in den Fernseher. Das bolivianische Fernsehteam, dessen Aufnahmen von allen Nachrichtensendern rund um den Globus übernommen wurden, berichtete live aus dem Flughafentower vom Yacuiba Airport nahe der bolivianischen Grenze. Der aufgeregte Reporter stand am Fenster des Lotsentowers und deutete wild gestikulierend hinter sich, während er das Geschehen mit schnellen Worten in spanischer Sprache kommentierte.

»La escuchamos … hm«, wiederholte Christine leise die Worte, während sie darauf wartete, dass der Reporter endlich aus der Einstellung verschwand und sie sehen konnte, worüber er berichtete.

»Wie bitte?« Martin sah Christine fragend an.

»Das bedeutet: Wir hören es. Oder: Wir hören sie. Wenn ich mich nicht täusche.«

Die Kamera zoomte weit aus dem Tower über die Landebahn hinweg, doch die Zuschauer an den Fernsehgeräten weltweit konnten außer dem Meer an militärischen Fahrzeugen und Soldaten nichts erkennen. Der Moderator des Nachrichtensenders erschien.

»Das waren die Livebilder unserer bolivianischen Kollegen am Flughafen von Yacuiba. Wir blenden die Übersetzung der Berichterstattung ein.«

Martin und Christine warteten gespannt auf die Übersetzung der Livereportage. Endlich wurde der Text eingeblendet.

Das wird nicht mehr lange dauern. Wir [Übertragungsstörung] gebracht. Sehen können wir nichts. Das ist sehr laut. Es klingt wie ein tausendfaches synchrones Klackern oder so etwas. Mein Gott, es ist so laut. Rod, das klingt wirklich auf die Sekunde gleich. Ist das eine Maschine?
Wir können nichts erkennen, aber es hört sich sehr nah an. Ich glaube, es dauert nicht mehr lange. Wir müssen den Tower jetzt verlassen. Die Armee sperrt auch diesen Bereich ab.
[Stimme Kameramann]: Weshalb? Hier sollte das Sperrgebiet doch enden? Wir haben doch die Genehmigung eingeholt.
Ich weiß es nicht, wir müssen jetzt abbrechen. Sie haben etwas geändert.

An diesem Junitag stoppten die drei Kreaturen, die sich an vorderster Front der acht Kilometer langen Armee befanden. Ein kaum hörbares Gurgeln aus der Kehle des Geschöpfes, das sich an der Speerspitze der Wesen befand, sorgte für einen abrupten Stillstand der zwei Kreaturen, die seitlich von ihm auf Händen gegangen waren. Die beiden richteten sich auf und erwiderten das Geräusch mit einem leisen Gurgeln. Das Heer blieb stehen. An der Grenze von Tartagal in der Provinz Salta, achtundfünfzig Kilometer von der bolivianischen Grenze entfernt, herrschte Stille. Der Wind fuhr durch die Baumkronen der breiten Allee. Die Blätter erzeugten jenes friedvolle Rascheln, das man im Sommer gerne hörte, wenn man an einem See oder auf einer Wiese die Sonnenstrahlen genoss. An diesem Tag waren alle 60.538 Einwohner des Ortes Tartagal bereits tot. Die Straßen, Häuser und Geschäfte in der argentinischen Provinz hätten einen Zeitzeugen erschaudern lassen. Der urplötzliche Tod hatte den Ort binnen zwei Minuten ereilt. Ob auf dem Fahrrad, im Gespräch mit dem Friseur oder unter der Dusche: Die Menschen waren in sich zusammengesackt, wenige Sekunden später war Blut aus ihren Nasen getreten.

Nachdem sich der Hauch des Lebens aus Tartagal verflüchtigt hatte, marschierte die Armee der Kreaturen durch die Straßen. Der Kommandant gab das Signal zum Stillstehen und jede der 60.538 fingernagelgroßen Kugeln suchte den Weg zu ihrem Besitzer. Nach und nach bückten sich die Kreaturen der vorderen Spitze, hoben ihre silbernen Freunde mit Händen oder Füßen auf und verstauten sie in ihrer Kleidung. Im Gegensatz zu den drei Wesen an der Spitze, deren Kleidung einer blauen Uniform glich, wirkte die restliche Armee wie ein kunterbunter Haufen von Zivilisten. Etliche der Gefolgsleute waren mit nacktem Oberkörper von der Antarktis über das Meer geschwommen, viele trugen normale Hosen und Hemden, doch einige von ihnen bedeckten ihren Körper mit einer Kandura. Das lange schwarze Hemd ähnelte den traditionellen arabischen Gewändern, wirkte jedoch dünner als alle Kleidungsstoffe, die auf der Erde produziert wurden.

Der Kommandant der Armee streckte seinen Kopf in die Höhe und betrachtete den Himmel, als ein kleiner Hund an ihm vorbeilief. Er neigte den Kopf seitlich nach unten und betrachtete das Tier, das vor ihm stehen blieb und freudig mit dem Schwanz wedelte. Der Welpe legte sich auf den Rücken, streckte seine Pfoten von sich und signalisierte Spielbereitschaft. Langsam beugte sich der Kommandant herunter und musterte das ihm fremdartige Geschöpf. Der Gefolgsmann zu seiner Rechten griff in seine Tasche und ließ eine Kugel fallen, die in einem rasanten Tempo auf den Welpen zurollte. Der Kommandant hob seine Hand und das tödliche Objekt blieb stehen. Er nahm die Kugel und gab sie seinem Untergebenen zurück. Mit ausdrucksleerem Gesicht öffnete der

Gefolgsmann seine Hand, nahm die Kugeln wieder zu sich und steckte sie in seine linke Hosentasche. Der Kommandant nahm den Welpen vorsichtig hoch und verließ die Formation, um das Tier auf eine Wiese zu setzen. Die Bewegungen des Jungtieres schienen ihn zu faszinieren. Er löste den Blick von dem Hund und sah die lange Allee hinab, deren Verlauf zur bolivianischen Grenze führte. Die Kreatur zeigte ihr Gebiss, anders als bei Menschen standen die Zähne millimetergenau nebeneinander und waren sich absolut identisch.

Wie ein Tier, das seine Beute wittert, begann das Geschöpf zu riechen, die Fährte aufzunehmen und bewegte seinen Kopf leicht nach links und nach rechts. Schließlich schloss es seinen Mund, drehte sich zu seinen beiden Untergebenen und gab ein weiteres gurgelndes Geräusch in verschiedenen Tonlagen von sich. Der Trupp setzte sich langsamer als zuvor in Bewegung. Zeitgleich zogen alle Gefolgsleute des acht Kilometer langen Heers ihre kleinen Kugeln hervor und hielten sie fest in den Fingern oder Zehen. Die äußeren Reihen drehten sich nach außen und gingen den restlichen Fußmarsch seitlich. Der Marsch zur bolivianischen Grenze sollte vor Erreichen der militärischen Truppen der Konföderation nicht mehr stoppen.

1. Juni, 07:20 Uhr

Gestern Abend war ich zu müde, um dir, meinem stillen Freund, zu schreiben. Trotz der schrecklichen Nachrichten über den bevorstehenden Kontakt mit diesen Menschen, oder was auch immer sie sind, ist in Cefalú der Alltag eingekehrt. Gott sei Dank. Ich habe Gabriel heute sein Lieblingspausenbrot für die Schule mitgegeben. Weißbrot mit der scharfen Salami von Leonardo und frisch geerntete Tomaten. Er freut sich sehr, endlich wieder seine Freunde sehen zu können, und er jubelt jeden Tag aufs Neue, weil er in die Schule gehen darf. Mein kleiner Schatz, das wird sich ändern, aber genieße jeden Augenblick.

Die Menschen in meinem Heimatort gehen wieder ihrer Arbeit nach, einige von ihnen sehen den Weltuntergang kommen und horten Nahrung. Die Iaconellis haben gestern tatsächlich ihre Fenster vernagelt, Monica hat ihre Zierpflanzen und Peperoni von der Terrasse geholt. Als würden diese fremden Wesen Appetit auf Peperoni haben. Wie dem auch sei, ich habe auch ein komisches Bauchgefühl, möchte mich aber von der Panik einzelner nicht anstecken lassen. So Gott will, wird sich alles wieder zum Guten wenden. Ich habe gestern Abend dafür gebetet, dass die Menschheit eine zweite Chance bekommt und sie aus ihren Fehlern lernen möge. Ich hoffe, der Allmächtige erhört meine Bitte.

Heute werde ich mit Leonardo zum Steg gehen. Er hat sein altes Fischerboot wieder fahrtauglich gemacht und möchte mir seine Arbeit zeigen. Er ist so stolz darauf. Ich mag ihn wirklich sehr. Am Nachmittag werde ich ein paar Einkäufe erledigen und meinen Arbeitgeber anrufen. Ich bin gespannt, wann er seinen kleinen Laden wieder eröffnet. Alfonso ist sehr ängstlich in diesen Zeiten. Die Blumenanlieferungen hat er bis auf Weiteres gestoppt. Vorgestern sagte er zu mir: »Was die Menschen in diesen Zeiten am wenigsten brauchen, sind Blumensträuße.«

Ich sehe das anders. Blumen lassen das Herz aufblühen, sie erfreuen die Seele. Aber es ist sein Laden, sein Geschäft. Ich bin sehr zuversichtlich, dass nächste Woche die Welt wieder in ihrer richtigen Bahn laufen wird. Reden war schon immer die Lösung für alles. Gewalt hat noch niemals etwas gelöst. Ich hoffe, diese Lebewesen sehen das ähnlich. Wir sind alle Kinder Gottes. Er wird uns lenken und das Richtige für uns wählen.

Heute Abend, wenn mein kleiner Engel friedlich im Bett schlummert, werde ich dir von meinem Tag berichten, mein Freund.

Ich bin sehr gespannt auf Leonardos Boot. Bis später.

Leonardo stand wie verabredet um Punkt acht Uhr auf Marias Terrasse und grinste über beide Ohren. Gabriel war bereits auf dem Weg zur Schule und Leonardo zog Maria ungeduldig in Richtung Strand. Von ihrem Haus waren es etwa fünfundzwanzig Minuten bis zu dem kleinen Steg. Die Sonne wärmte Marias Haut in den Morgenstunden erstaunlich stark. Ein Blick zum Himmel verriet ihr, dass es ein wolkenloser, sonniger Tag am Meer werden würde. Als die beiden den Steg erreichten, kletterte Leonardo auf das kleine Fischerboot und stemmte die Hände in seine Hüften.

»Mast neu, Segel neu. Ich habe dem Baby einen neuen Anstrich verpasst. Und sieh dir den Boden an! Ausgebessert und gewienert. Wir könnten direkt vom Boden essen. Also, was wir natürlich nicht machen werden«, plapperte Leonardo euphorisch los und hielt sich stolz am Mast des kleinen Bootes fest.

Maria klatschte in die Hände und lachte über die hektisch-freudigen Gesten ihres lieben Nachbarn.

»Wohin willst du? Wir könnten direkt los nach … na ja, sagen wir, Sardinien? Auf einen Kaffee? Oder wie wäre es mit Tunesien? Wir könnten ein wenig über den Markt schlendern.« Leonardo zeigte in alle Himmelsrichtungen, während er sich mit der anderen Hand weiterhin am Mast festhielt.

»Nach Sardinien oder Tunesien sind wir locker einen Monat unterwegs, du Spinner.«

»Nicht wenn ich mein wunderbares neues Segel auspacke. Ach, was sage ich? Ich denke, bis Mittag schaffen wir beide Ziele. Das Baby hier ist ein getarntes Speedboot, du wirst schon sehen!«

Vor lauter Lachen liefen Maria Tränen über das Gesicht. Sie wischte sie mit ihrer Hand weg, wobei sie im Augenwinkel etwas blinken sah. Etwas schimmerte am Meeresgrund. Sie bückte sich und suchte das Wasser am Ufer ab. Leonardo sah Maria verwundert an.

»Du musst nicht springen, ein paar Meter und du bist wieder an Land. Oder musst du dich von dem Wellengang übergeben?«

»Komm einmal her, Leonardo. Da ist irgendwas.«

Der Sizilianer folgte ihren Worten, beugte sich über die Reling des Bootes und sah nach unten.

»Ich sehe nur Wasser und kleine Fische.«

Kaum hatte er die Worte ausgesprochen, sah er etwas blitzen. Die beiden gingen von Bord, liefen den Steg zurück an den Strand und blickten an der Stelle ins Wasser.

»Das sind vielleicht vier Meter. Sollen wir?«

Maria zwinkerte Leonardo zu und zog ihre Sandalen aus. Ein paar Minuten später standen sie in Unterwäsche mit den Füßen im Wasser. Wer in Cefalú aufgewachsen ist und sein Leben mit dem Meer und dem Strand verbracht hat, springt im Laufe seines Lebens zu fast allen Jahreszeiten ins Meer. Der warme Juni und die steigenden Temperaturen waren sicherlich keine Hindernisse für eine spontane Erkundungstour unter Wasser. Leonardo hechtete voraus und spritzte seine Nachbarin voll. Die beiden schwammen die wenigen Meter vom Strand zum Boot. Sie hielten sich am Boot fest und suchten den Meeresboden akribisch mit ihren Blicken ab.

»Vielleicht war es nur eine Dose. Die Menschen verdrecken die Meere immer mehr«, murmelte Leonardo.

Wieder reflektierte etwas auf dem Meeresboden das Sonnenlicht. Maria und Leonardo sahen sich wortlos an, holten tief Luft und tauchten unter.

Die verschwommene Sicht erschwerte die Suche auf dem Grund vor der Küste des Tyrrhenischen Meeres. Mehrere Male tauchten die beiden wieder auf, atmeten tief ein und versuchten es erneut. Schließlich blieb Maria über Wasser. Sie hatte zwar etwas ertastet, konnte es aber nicht greifen, da es mit dem Meeresgrund verwurzelt schien. Die Italienerin deutete auf die Stelle und Leonardo tauchte unter, um sein Glück zu versuchen. Nach über einer Minute schoss der Fünfzigjährige wieder nach oben.

»Das ist vielleicht ein Teil eines Schiffwracks, was ich mir bei dem seichten Wasser allerdings nicht vorstellen kann. Es muss auf jeden Fall ein Teil von etwas Größerem sein, das da aus dem Wasser ragt. Ich kann es nicht richtig greifen«, stellte Leonardo fest, wobei er immer noch nach Sauerstoff rang.

Er sah sich am Strandabschnitt um und begann Richtung Ufer zu schwimmen, während Maria sich weiter am Boot festhielt und in das Wasser blickte. Am Strand angekommen, nahm Leonardo etwas aus seiner Hosentasche, ging zu einem Jungen nahe der abgelegten Kleidung und wechselte ein paar Worte mit dem Teenager. Schließlich kehrte er mit einer Taucherbrille zurück zu Maria und präsentierte ihr seine Leihgabe.

»Fünf Minuten für zwei Euro. Ich denke, das ist es wert.«

Leonardo setzte die Taucherbrille auf, blockierte den Schnorchel mit dem herunterhängenden Stöpsel, atmete tief ein und tauchte ab. Endlich hatte er eine klare Sicht unter Wasser und näherte sich dem mysteriösen Gegenstand. Er erkannte den Teil eines runden Objekts, das halb im Sand vergraben war. Er versuchte, den Gegenstand freizulegen, tauchte wieder auf, um wenige Sekunden später seine Arbeit fortzusetzen.

Maria hatte zwischenzeitlich das Wasser verlassen, sich abgetrocknet und sah Leonardo von seinem Boot aus zu. Ihr Nachbar tauchte wieder auf, nahm die Taucherbrille ab und sein Blick verriet ihr, dass seine Entdeckung Fragezeichen in seinem Kopf hinterlassen hatte.

»Was ist es?«, fragte sie ungeduldig.

Leonardo sah Maria wortlos an. Dann schwamm er ans Ufer, an dem der Teenager schon auf seine Brille wartete. Ein paar Minuten später war auch Leonardo abgetrocknet und angezogen an Bord seines Boots gekommen und setzte sich stumm neben Maria.

»Nun sag schon! Hast du einen Schatz entdeckt?«, witzelte Maria und klopfte Leonardo freundschaftlich auf die Schulter.

Er schüttelte langsam den Kopf.

»Ich habe jetzt einen Teil, der so groß ist wie meine beiden Hände, von dem Sand befreit. Das muss etwas Riesengroßes, etwas Rundes aus Metall sein. Ich habe wirklich nicht die geringste Ahnung, was es sein könnte, aber es muss gigantisch sein. Das Verrückte ist: Es sieht so neu aus. Also poliert, als hätte es jemand geputzt, bevor es dahingekommen ist.«

Maria dachte über seine Worte nach und blickte auf das Wasser. »Wir sollten der Polizei davon erzählen. Am Ende liegt dort eine Wassermine aus dem Zweiten Weltkrieg.«

Die beiden beschlossen, das Boot und den Strand zu verlassen, um zur Polizeistation von Cefalú zu gehen. Maria würde es sich niemals verzeihen, wenn an dem Strandabschnitt etwas Furchtbares passieren würde.

»Es könnte auch ein Behälter mit irgendwelchen Chemikalien sein«, sinnierte Leonardo, während sie den Gehweg betraten.

An das Bild der vereinzelt patrouillierenden Soldaten in ihrem Dorf hatten sie sich mittlerweile gewöhnt. Schon bald kreuzten zwei Soldaten ihren Weg. Maria erzählte ihnen von ihrer Entdeckung und deutete auf die Stelle am Strand. Während der kleinere der beiden Männer Maria ruhig zuhörte, drehte sich der andere um und entfernte sich ein paar Schritte. Der Soldat zog ein Funkgerät aus seiner Uniform und begann mit jemandem zu sprechen. Dabei sah er unverwandt auf die Stelle am Strand.

»Da stimmt was nicht«, flüsterte Leonardo kaum hörbar, aber nicht leise genug, als dass es der verbliebende Mann nicht gehört hätte.

Er sah Leonardo ernst an. In diesem Moment trat sein Kollege mit dem Funkgerät wieder zu ihnen und nickte seinem Kameraden wortlos zu. Er steckte das Funkgerät weg, ging zum Strand und begann sich vor den erstaunten Blicken der anwesenden Badegäste auszuziehen. Nur noch mit einer Unterhose bekleidet, ging er ins Wasser.

»Was hat Ihr Kollege vor?«, fragte Maria.

»Wir müssen nur sichergehen, dass es sich um keine Mine handelt«, antwortete er knapp und wartete geduldig, bis sein Kamerad aus dem Wasser kam und sich nass, wie er war, seine Uniform anzog. Eine für Maria und Leonardo nicht deutbare Handgeste erreichte seinen Kameraden, der bestätigend nickte.

»Ich danke Ihnen für die Information und bitte Sie, den Strandabschnitt zu verlassen.« Der Soldat streckte Maria freundlich die Hand entgegen.

Instinktiv schüttelte die Sizilianerin die Hand des Uniformierten und sah ihn fragend in die Augen. Leonardo beobachtete den anderen Soldaten, der damit begonnen hatte, die Badegäste anzusprechen. Ein paar Worte wurden gewechselt und die Anwesenden packten nach und nach ihre Sachen zusammen, um den Strand langsam zu verlassen.

»Handelt es sich um eine Mine?«, fragte Maria und sah den Gästen, die den Strandabschnitt verließen, nach.

Der Soldat setzte gerade an, um den nächsten nichtssagenden Satz zu formulieren, als die Motorengeräusche des heranrasenden Konvois die Ruhe durchbrachen. Sieben Militärfahrzeuge und etliche Polizeiwagen hielten am Strandabschnitt. Mit offenen Mündern wurden Leonardo und Maria Zeugen einer surrealen Situation. Der Offizier im vordersten Jeep stand auf, nahm ein Megafon in die Hand und stieg aus dem Fahrzeug.

»Bitte verlassen Sie sofort den Strand. Sie befinden sich in militärischem Sperrgebiet. Ich wiederhole: Bitte nehmen Sie Ihre Sachen und verlassen Sie unverzüglich den Strand.«

Die strenge Stimme des Mannes ließ keinen Raum für Diskussionen und Fragen der Badegäste zu. Nach zehn Minuten war der Strandabschnitt geräumt. Ein gepanzertes Fahrzeug des italienischen Militärs rollte in den Sand und kam wenige Meter vor dem Wasser zum Stehen.

»Können Sie mir bitte mal erklären, was dieser Zirkus hier soll?« Marias Ton wurde lauter.

Ein Soldat in einer anderen Uniform näherte sich den beiden. Maria hatte keine Ahnung von Uniformen und den Aufnähern, doch sie ahnte, dass es sich um einen ranghöheren Soldaten handeln musste.

»Sind das die zwei?«, fragte der hochgewachsene Mann mittleren Alters.

Der Soldat nickte.

»Guten Tag, mein Name ist Leutnant Fiore. Ich möchte Ihnen im Namen des Militärs für Ihre Sichtung danken. Sie verlassen jetzt bitte wie die anderen Zivilisten auch das Sperrgebiet.«

Der Leutnant schüttelte hastig die Hände von Leonardo und Maria und komplimentierte die beiden zur Grenze, welche die Soldaten rund um den Abschnitt gebildet hatten.

Maria machte sich wutentbrannt auf den Heimweg. Nicht nur die respektlose Art, wie sie aus dem Sperrgebiet entfernt worden waren, ärgerte sie. Dieser Zwischenfall mit all seinen Konsequenzen hatte der Mutter den schönen Vormittag vollkommen ruiniert.

Leonardo drehte sich aus sicherer Entfernung nochmals zum Strand, um erspähen zu können, was dort vor sich ging. Sie beobachteten, wie sich die hintere Luke des Militärfahrzeuges öffnete und drei Männer ausstiegen. Die gepanzerte Kleidung erinnerte Leonardo an ein Bombenentschärfungsteam. Sie trugen solche Helme und Schutzanzüge, die er aus dem Fernsehen kannte, wenn irgendwo in Sizilien wieder einmal ein Sprengkörper aus dem Zweiten Weltkrieg entschärft werden musste. Die drei Spezialisten betraten den Steg und enterten Leonardos Boot. Fast hätte er losgeschrien, dass dies sein Eigentum sei und man wenigstens um Erlaubnis bitten könne, doch er verwarf den Gedanken. Es würde außer Ärger nichts bringen. Das Militär ließ eine Drohne ins Wasser, Notebooks wurden aufgeklappt und die Arbeit begann. Hier gab es nichts mehr, was die beiden aus der Entfernung in Erfahrung hätten bringen können. Sie gingen nach Hause und Maria lud Leonardo auf eine Tasse Kaffee und Mandelkuchen ein.

Schweigend saßen sie in der Küche und tranken Kaffee, während sie mit den Gedanken am Strand waren. Der Fünfzigjährige stand schließlich auf, ging zum Fenster und starrte auf die große Wiese. Maria sah ihn abwartend an. Im Laufe der Jahre hatte sie gelernt, die Mimik und Gestik ihres Nachbarn zu deuten. Schließlich nahm er sein Handy aus der Hosentasche und wählte eine Nummer. Es dauerte nicht lange, bis Maria das einseitige Gespräch mitverfolgen konnte.

»Hallo Samuel, hier ist Leonardo. Was zur Hölle ist an unserem Strand im Gange?« Leonardo ging auf und ab, nickte immer wieder und brummte bestätigend. »Ich verstehe … ja, ja, in Ordnung. Danke.« Leonardo legte auf und setzte sich.

»Mit wem hast du gesprochen?«

»Ich habe unseren Bürgermeister angerufen. Die Polizei hat ihm keinerlei Informationen gegeben. Er ist genauso schlau wie wir. Ich will wissen, was dort vor sich geht und vor allen Dingen was die Herrschaften dort mit meinem Boot anstellen. Lass uns noch mal hingehen, bitte.«

Hastig trank er seinen Kaffee aus.

Zwanzig Minuten später standen sie an einer Straßenabsperrung, die ihnen den Weg zum Strand versperrte. Die Sperrzone war erweitert worden. Über den kompletten Strandabschnitt verteilt parkten die Fahrzeuge des Militärs.

»Das müssen dreißig oder mehr Fahrzeuge sein«, raunte Leonardo.

Aus der Entfernung konnte er sein Boot nicht mehr erkennen. Maria unternahm einen letzten Versuch und fragte einen der Soldaten, die die Straßenabsperrung bewachten, was los sei.

»Der Strandabschnitt ist für unbestimmte Zeit zum Sperrgebiet erklärt worden«, antwortete der Soldat und wandte sich von Maria ab.

In der Zwischenzeit hatten vier weitere der gepanzerten Fahrzeuge in der Nähe des Stegs geparkt. Als Maria den Sichtschutz an der Fundstelle entdeckte, wusste sie, dass es sich nicht um einen Sprengkörper aus dem Zweiten Weltkrieg handelte. Was auch immer in der Nähe von Cefalú gefunden worden war, war weitaus gefährlicher als eine Bombe.

»Das ist nicht gut, was hier vor sich geht, Leonardo. Das ist gar nicht gut«, murmelte sie. Die Sizilianerin verspürte, ohne es sich erklären zu können, schlagartig das Bedürfnis, Vorräte zu kaufen und sich mit allen überlebenswichtigen Dingen einzudecken. »Wir holen Gabriel jetzt aus der Schule«, sagte sie leise.

»Wie bitte?« Erstaunt blickte Leonardo sie an, als hätte er ihre Worte nicht verstanden.

»Wir holen ihn jetzt.« Der eindringliche Blick Marias ließ keinen Raum für Fragen.

Er nickte.

Zur gleichen Zeit klingelte in Washington das Telefon. Admiral Wilkens überwachte die letzten Aktivitäten für den bevorstehenden Erstkontakt in weniger als acht Stunden, doch inmitten der Einsatzplanung wurde er zum Telefon gerufen. Offizierin Michelle Ward aus London meldete sich bei dem Admiral. Ward war während der Phase des Erstkontaktes das europäische Sprachrohr für den obersten Befehlshaber des Militärs. Mit versteinerter Miene hörte Wilkens zu, während Präsident Midler seine militärische rechte Hand fragend ansah. Der Admiral nahm langsam seine Schirmmütze ab, sein Haarkranz, den er seit seinen Dreißigern hatte, kam zum Vorschein. Er fuhr sich mit der Hand über seine Halbglatze. Wilkens unterbrach seine Gesprächspartnerin nicht ein einziges Mal. Mit dem Telefon am Ohr setzte er sich wieder auf den Stuhl und sah konzentriert auf seine Mütze, die vor ihm lag.

»Vielen Dank für Ihren Statusbericht, Offizierin Ward. Ich melde mich umgehend bei Ihnen.« Der Admiral beendete das Gespräch und sah Tom Midler ausdruckslos an.

»Wir haben ein Problem, richtig?«

Der Präsident konnte es bereits erahnen. Die neuesten rätselhaften Aktivitäten, die die Satelliten vor wenigen Stunden aufgezeichnet hatten, schienen mit dem Anruf aus Europa zusammenzuhängen.

Wilkens nickte.

Die neueste Aufnahme, welche die ISS an die Erde gesendet hatte, erschien auf der großen Leinwand. Der ranghohe Militär nahm seinen Laserpointer und zeigte auf mehrere Stellen in den Küstenregionen Europas. Wilkens wischte seine Hand an der Hose ab, ein alarmierendes Signal das Midler tief beunruhigte. In all den Jahren als Präsident der Vereinigten Staaten hatte er Wilkens niemals nervös gesehen. Nie hatte der Admiral die Contenance verloren. Midler schätzte seinen Admiral als besonnen und über alle Maßen professionell ein. Umso erschreckender empfand er es, dass sein langjähriger Mitstreiter feuchte Hände bekam.

»Wir wissen nun, was diese Schatten vor dem europäischen Festland sind, die wir auf den Satellitenbildern entdeckt haben. Weitere dieser dunklen Flecken wurden von dem chinesischen Satelliten an der Ostküste der Staaten in der Nähe von Miami und New York gesichtet. Auch vor Cochin und Calicut an der Westküste Indiens und so weiter und so weiter«, erklärte der Admiral, wobei er seinen Ehering hin und her drehte.

»Fahren Sie fort.«

Midler beschloss, nicht mehr auf die nervöse Gestik seines Admirals zu achten. Sie machten ihm Angst. Er konzentrierte sich auf das Satellitenbild.

»Die meisten dieser Objekte befinden sich in Küstennähe, sind allerdings bis zu sieben Kilometer vom Ufer entfernt. In Sizilien entdeckten nun Passanten eines dieser Objekte, das außergewöhnlich nahe an einem Badestrand liegt. Das italienische Militär hat dieses Objekt fotografiert, vermessen und durchleuchtet.«

Wilkens öffnete die E-Mail von Offizierin Ward und warf den Anhang auf die Leinwand. Die Soldaten hatten das Objekt, so gut es ging, ausgegraben. Dennoch waren über siebzig Prozent des eigenartigen Gegenstandes im Sand verborgen. Das Bild zeigte den oberen Teil einer gigantischen metallischen Kugel. Sie wirkte trotz der Unterwasseraufnahme wie frisch poliert und glänzte makellos am Meeresgrund.

»Offizierin Ward hat mir mitgeteilt, dass sie den Durchmesser dieses Objektes auf fünf bis sechs Meter schätzen. Es ist momentan nicht zu bergen, da vor Ort die schweren Gerätschaften fehlen. Das Gewicht muss immens sein, wir werden es auf jeden Fall hochholen, sobald unsere Operation abgeschlossen ist. Die Röntgenaufnahmen haben gezeigt, dass sich im Inneren der Kugel Tausende kleine runde Objekte befinden. Meine Einschätzung ist, dass wir es hier mit einer Transportkapsel zu tun haben.«

»Einer Transportkapsel?«

»Ja, Präsident Midler. Mit einer hochtechnologischen Brutmutter.«

1. Juni, 23:22 Uhr

Mein lieber stiller Freund. Der Tag begann so schön, so normal, dass ich trotz des morgigen Tages voller Hoffnung war. Wir waren am Steg. Wir haben sein Fischerboot, das er mühevoll und mit Leidenschaft repariert hat, begutachtet. Der Tag hat sich in einen Albtraum verwandelt. Wir haben dieses glitzernde Ding am Meeresboden gesehen. Wir sind hinuntergetaucht, konnten uns aber keinen Reim darauf machen. Es war groß, sehr groß. Die Soldaten am Strand haben alles abgesperrt. Leonardo und ich haben Gabriel von der Schule abgeholt. Tante Monica sei überraschend gestorben. Weder gibt es eine Tante Monica, noch ist jemand gestorben, nur fiel mir nichts Besseres ein, um ihn von der Schule zu holen. Er ist noch klein und kann sich bis jetzt Namen schwer merken. Ich habe seine kindliche Unaufmerksamkeit ausgenutzt. Möge Gott mir meine Lüge verzeihen.

Ich habe ein sehr schlechtes Gefühl, was die Ereignisse an unserem Strand angeht. Es fühlt sich bedrohlich an. Ich kann es mir nicht erklären. In den frühen Abendstunden bin ich von einem Supermarkt zum anderen gefahren und habe uns mit allen lebenswichtigen Dingen für drei Wochen eingedeckt.

Auch für Leonardo. Er wird es mir danken. Ich weiß, es klingt paranoid, aber mein Bauchgefühl sagt mir, dass die Dunkelheit nicht die letzte und schwerste Prüfung gewesen sein wird. Irgendetwas geht hier vor sich, das fühle ich. Das weiß ich. Vor zwei Stunden bin ich noch einmal zum Strandabschnitt gegangen. Das halbe Dorf hatte sich dort versammelt und versucht, irgendetwas erspähen zu können. Ein sinnloses Unterfangen. Das Militär hat den Abschnitt abgeriegelt, die Sichtschutzzäune lassen keinen Blick zu. Die Feuerwehr von Cefalú und Mazzaforno ist vor Ort. Sie beleuchten den gesperrten Bereich wie ein Fußballstadion.

Ich habe meinem kleinen Engel gesagt, dass er diese Woche nicht mehr in die Schule müsse. Gabriel hat mich gefragt, warum, und ich habe ihn auf morgen vertröstet.

Ich habe sehr große Angst vor dem morgigen Tag und werde versuchen, mich mit Vorbereitungen abzulenken. Vielleicht werde ich auch die Fenster zunageln. Leonardo wird mich für komplett bescheuert halten, aber ich kann nicht anders. Mein Instinkt treibt mich an, vielleicht verliere ich auch den Verstand, aber ich werde meinem Herzen folgen. Das kann niemals verkehrt sein.

Lieber stiller Freund, ich werde jetzt noch beten. Für die Menschheit, dafür dass wir den morgigen Tag überstehen und ich mich doch geirrt habe. Ich hoffe, ich kann dir morgen

Abend wieder schreiben. Sofern es einen morgigen Abend geben wird.
Gute Nacht.

Maria klappte ihr Tagebuch zu, zündete eine Kerze an und kniete sich vor ihr Bett. An diesem Abend betete sie so lange und inbrünstig, wie sie es seit der schweren Krankheit ihres Vaters nicht mehr getan hatte. In dieser Nacht fand Maria kaum Schlaf und wälzte sich von einer Seite zur anderen. Die innere Unruhe ließ die achtunddreißigjährige Sizilianerin nicht müde werden. Erst gegen fünf Uhr in der Früh fiel sie in den langersehnten Tiefschlaf.

Zwei Stunden später weckten sie die wärmenden Sonnenstrahlen und das Gezwitscher zweier diskutierender Sperlinge. Nach dem kurzen Schlaf fühlte sich die Frau noch erschöpfter als in den nächtlichen Stunden, in denen sie die Decke des Schlafzimmers angestarrt hatte. Sie rieb sich den Schlaf aus den Augen, begab sich in die Küche, schaltete den Kaffeeautomaten an und blickte aus dem Fenster. Es war ein wundervoller Morgen. Ein leichter Wind ließ das Gras vor ihrem Küchenfenster tänzeln. Amüsiert beobachtete sie die zwei schimpfenden Vögel auf dem Apfelbaum. Ihr Hochgefühl währte nicht lange. Sie erinnerte sich daran, welcher Tag gekommen war. Der Tag, an dem die Welt auf eine Nachricht der Konföderation wartete. Vielleicht würde sich die Welt neu ordnen müssen, vielleicht würde es eine Kooperation mit diesen Kreaturen geben und man würde lernen müssen, mit ihnen zu leben. Maria versuchte, ihre Gedanken beiseitezuschieben, und konzentrierte sich auf die Vögel.

Nach ihrer morgendlichen Tasse Kaffee begann sie damit, ihr Vorhaben vom gestrigen Tag umzusetzen. Eine Stunde später lagen auf der Terrasse die alten Zaunlatten aus dem Keller, mit denen Maria das Küchenfenster vernagelte.

»Mama? Was machst du da?«

Maria erschrak. Um ein Haar wäre ihr der Hammer aus der Hand gefallen. Gabriel stand neben ihr und sah sie fragend an.

»Es soll heute Nacht ein ganz schlimmer Sturm kommen. Darum kannst du jetzt auch nicht in die Schule. Sicher ist sicher, mein Schatz. Morgen mache ich die Bretter wieder weg. Aber wenn du willst, hole ich dir einen Stuhl und du kannst die Bretter anmalen. Was meinst du?« Sie grinste ihren Sohn an.

Gabriel grinste wie ein Honigkuchenpferd, rannte ins Haus und sammelte seine Buntstifte zusammen, die sich unter dem Berg von Spielsachen versteckten.

Maria hatte das Radio in die Eingangstür des Hauses gestellt, um die Nachrichten mitzubekommen. Der Moderator kündigte einen Klassiker von Elton John an. Maria drehte das Radio lauter.

Don’t you know
I’m still standing better than I ever did

Looking like a true survivor,
feeling like a little kid
I'm still standing after all this time
Picking up the pieces of my life without you on my mind

I'm still standing
(Yeah yeah yeah)
I'm still standing
(Yeah yeah yeah)

Maria summte laut mit und musste mit einem Mal laut auflachen. Viellcicht war das alles ein Scherz Gottes: Während sie die Fenster ihres Hauses verbarrikadierte, summte sie Elton Johns »I'm still standing«. Sie spürte ein Tippen auf ihrer Schulter. Erschrocken schrie sie kurz auf, fuhr herum und blickte in das erstaunte Gesicht von Leonardo.

»Schleich dich doch nicht so an!«, schimpfte sie und schlug ihrem Nachbarn sanft gegen die Schulter.

»Maria?« Leonardo ließ seinen Blick über die zwei vernagelten Fenster gleiten.

»Was denn?«

»Was bitte machst du da?« Leonardo deutete auf die Fenster, schob seine Augenbrauen nach oben und sah Maria stirnrunzelnd an.

Mark saß an diesem Morgen mit Crowley im Konferenzraum des FBI-Gebäudes. Die Stühle waren bis auf den letzten Platz belegt und die Anwesenden sahen sich bei Kaffee, Tee und Frühstücksbrötchen die Tierdokumentation des Nachrichtensenders an.

Auf einen Außenstehenden hätte dieses Bild bizarr gewirkt und die Realität eines Arbeitstages beim FBI hätte der Illusion den Rang abgelaufen. Es war kein normaler Arbeitstag beim FBI. Genauso wenig, wie es ein normaler Tag für den Großteil der Bevölkerung war. Der allmorgendliche Berufsverkehr in den Metropolen dieses Planeten blieb aus. Die Linienbusse fuhren teilweise leer ihre Strecken ab und auch der S- und U-Bahnverkehr glich einer geisterhaften mechanischen Kulisse ohne Leben. An diesem besonderen Tag sollte niemandem wegen seines unentschuldigten Fernbleibens gekündigt werden, zumal auch die Vorgesetzten, die Vorstandsmitglieder und die hochrangigen Politiker nur eines taten: Sie saßen vor dem Fernseher oder dem Radio. Mit ihren Familien, ihren Freunden oder ganz allein für sich. Die Programme der Nachrichtensender ähnelten sich. Man strahlte Dokumentationen, alte Interviews oder Reportagen über die Geschehnisse der letzten Wochen auf Milliarden von Fernsehgeräten aus.

Der Grund für die Tierdokumentation über die Revierkämpfe von Hyänen war für Mark und Crowley schnell gefunden. Es gab nichts zu berichten. Kein Gerücht erreichte das mediale Auge, kein Vertreter der Konföderation war zu einem pausenfüllenden Interview bereit. Stunde um Stunde verging und Mark sah Crowley zu Beginn der Reportage »Die Große Finsternis«, wie die Produktionsfirma sie betitelt hatte, gelangweilt an.

»Ich werde nicht den ganzen Tag damit verbringen, mir einen stumpfsinnigen Pausenfüller nach dem anderen anzusehen«, flüsterte er zu Crowley und hob mahnend seinen Zeigefinger.

Crowley reagierte nicht, er sah konzentriert auf sein Smartphone.

»Mr. Agent?«

Mark beugte sich nach vorn, um in das Sichtfeld seines abwesenden Freundes zu gelangen. Endlich sah Crowley nach oben, blickte Mark kurz an und gab ihm sein Smartphone, auf dem eine geöffnete E-Mail zu erkennen war.

Betreff: Update Black Dance
Aufgrund der neuesten Ereignisse hat die Konföderation den Code »Black Dance« aktiviert.
Alle Manager haben sich um 11:30 Uhr in den Call einzuwählen, um den Prozess in ihrem jeweiligen Zuständigkeitsbereich zu überwachen. Black Dance wird nach dem Leitfadenprotokoll ablaufen. Sonderbefehle oder

Ausnahmeregelungen wurden von der Konföderation nicht bestätigt.

Mark öffnete den Mund, doch Crowley gab ihm ein Zeichen und die beiden Männer verließen wortlos den Konferenzraum. Leise schloss der Agent von außen die Tür und ging mit Mark in die verlassene Küche des Gebäudes.

»Black Dance ist doch dieser Evakuierungsplan aller hochrangigen Politiker, von dem du mir erzählt hast, oder?« Mark zeigte auf Crowleys Handy. Jegliche Farbe war aus seinem Gesicht gewichen.

»Ja, richtig«, antwortete er und versuchte nach wie vor die knappen Zeilen zu deuten.

»Was für neue Ereignisse? Was ist passiert?«

»Mark, ich weiß genauso viel wie du. In einer halben Stunde ist der Call, ich hoffe, dann mehr zu erfahren. Tatsache ist, dass wohl irgendetwas nicht nach Plan der Konföderation läuft.«

Mark und Crowley lasen die wenigen Zeilen der E-Mail nochmals durch. Doch so sehr sie sich auch die Köpfe zermarterten, sie konnten den knappen Worten keine weitere Information entnehmen.

Crowley entschied sich, Mark bei der Telefonkonferenz mithören zu lassen. Die sich einst fremden Männer hatten gemeinsam zu viel erlebt. Zu oft hatte sich bewiesen, dass das Vertrauen auf beiden Seiten zu einhundert Prozent bestand.

Sein Bauchgefühl sagte ihm, dass es hier und jetzt keine Rolle spiele, ob ein Wissenschaftler aus New York das streng vertrauliche Gespräch mithöre oder nicht. Die Welt stand vor einem Wandel, selbst Crowley, dem Hysterie und Schwarzmalerei fremd waren, realisierte diesen unabwendbaren Fakt.

Die beiden Männer betraten das Büro. Crowley sperrte die Tür von innen ab und wählte die Nummer auf der Tastatur seiner rot pulsierenden Telefonspinne. Die LED wechselte die Farbe von Rot zu Grün und Crowley legte seinen Zeigefinger an den Mund. Sie waren in der Konferenz. Mark nickte und lehnte sich zurück. Vereinzelt war ein Räuspern oder das Tippen auf einer Tastatur zu hören. Angespannt warteten die Teilnehmer auf den Moderator der Telefonkonferenz. Mit zehnminütiger Verspätung meldete sich eine Stimme und beendete die bleierne Ruhe in der Leitung.

»Danke, dass Sie sich kurzfristig in unseren Call eingewählt haben. Entschuldigen Sie bitte die Verzögerung. Wir hatten noch ein Telefonat mit Admiral Wilkens. Wie Sie der E-Mail bereits entnehmen konnten, sind die Vorbereitungen für Black Dance bereits abgeschlossen. Die Öffnung der Bunker wurde von der Konföderation genehmigt. Unsere Mitarbeiter sind vor Ort, um die Begleitung der Schutzbefohlenen zu überwachen. Wie Sie dem Protokoll entnehmen können, wurden für diesen Fall alle 650 Bunker weltweit geöffnet. Regierungsmitglieder und ranghohe Offiziere wurden informiert. In Zusammenarbeit mit der jeweiligen örtlichen Militärpolizei werden die Familienangehörigen der zu schützenden Personen in diesen Augenblicken zu den Lokationen eskortiert. Grund für die Aktivierung von Black Dance ist die Sichtung von 72.811 enorm großen metallischen Kugeln, die sich in den Küstenregionen dieses Planeten in Position gebracht haben. Nach dem neuesten Erkenntnisstand gehen wir davon aus, dass es sich um Transportbehältnisse handelt. Wie sich diese Objekte in so kurzer Zeit unentdeckt über den ganzen Planeten verteilen konnten, können wir zum jetzigen Zeitpunkt nur mutmaßen. Möglicherweise haben sie sich in den Meeresboden eingegraben und fortbewegt. Wir warten stündlich auf den Erstkontakt mit den Lebewesen. Admiral Wilkens hat mir vor einigen Minuten bestätigt, dass die Formation der Geschöpfe nach wie vor besteht, sie allerdings ihre Geschwindigkeit deutlich verlangsamt haben. Ihre Mitarbeiter in den jeweiligen Außenbezirken, die für den Begleitschutz der Black-Dance-Operation von uns eingeteilt wurden, werden Sie in den nächsten Minuten um die Genehmigung des Sondereinsatzes bitten. Vielen Dank.«

Die Telefonkonferenz wurde ohne die Möglichkeit, Fragen zu stellen, beendet. Mark hatte so eine Art von Telefonkonferenz nicht gekannt, aber womöglich tickten die Uhren beim FBI anders. Crowley rieb sich seine Augen und drückte den kleinen

Knopf auf der Telefonspinne. Das rote Licht begann in regelmäßigen Abständen zu pulsieren. Mark betrachtete die Diode nachdenklich.

Warum hatten diese Kreaturen ihre Geschwindigkeit verringert? Sie wussten, was sie erwartete, woher auch immer. Mark war sich sicher, dass dieser Erstkontakt die Geschöpfe nicht überraschen würde. Er stand auf und schob mit seinen Fingern die Lamellen der Jalousie an Crowleys Bürofenster auseinander. Die Sonnenstrahlen brachen in das Zimmer. In diesem Moment hätte Mark Allison losweinen können. Er wollte schreien, irgendetwas zerstören und wollte nicht akzeptieren, dass nicht einfach wieder Normalität einkehren würde. Er war sich sicher, dass die angebliche Spitze der Nahrungskette dazugelernt habe. Die selbsternannte Krönung der Schöpfung hatte verstanden, dass es Grenzen gab, die nicht überschritten werden durften. Doch letztendlich würden seine Emotionen und seine hilflose Wut auf die Situation keinen Einfluss nehmen. Er riss sich zusammen und sah Crowley traurig an.

»Das ist das Ende, nicht wahr?«, sagte er leise.

»Ich weiß es nicht, Mark. Ich weiß es einfach nicht«, erwiderte Crowley und starrte mit leerem Blick auf den Rahmen seines Beförderungszertifikates, das er vor fünf Jahren erhalten hatte.

Die Stunden verstrichen und die Menschen wunderten sich zunehmend über das eiserne Schweigen der Konföderation. Die Nachrichtensender baten ihre Zuschauer in kurzen Statements fast stündlich um Geduld. Man habe noch keine Informationen und warte selbst auf ein Lebenszeichen des Pressesprechers der Konföderation. Die Leitungen liefen heiß, immer mehr Menschen riefen bei den Sendern und der örtlichen Polizei an. Die Unwissenheit und das grausame Warten auf die Antwort der Frage, wie der Kontakt verlaufen sei, ließ etliche Bürger zunehmend ungeduldig werden. In den Nachmittagsstunden übernahmen die Sender eine Liveschaltung des bolivianischen Fernsehens. Aber außer einem verloren wirkenden Reporterteam weit hinter der Sperrzone der Konföderation war nichts zu sehen. Die Journalisten vor Ort bemängelten lediglich die eingeschränkte Sicht und die fehlende Kommunikationsfreude der anwesenden Soldaten.

Mark verließ den Meetingraum. Er suchte sich ein leeres Zimmer, schloss die Tür hinter sich und wählte Martins Nummer. Christine hob ab, da Martin im Keller zugange war, um die letzten Verlängerungskabel in ihrem provisorischen Bunker zu verlegen. Mark kam direkt zur Sache und bat Christine, so schnell wie möglich in den Keller zu ziehen. Er erzählte ihr alles von Black Dance. Sie vereinbarten, bis in den späten Abend alle zwei Stunden zu telefonieren.

Christine packte den Inhalt des Kühlschranks in ihre große Einkaufstasche und stand wenige Minuten später vor ihrem Kellerabteil.

»Was hast du da?«, fragte Martin, während er auf allen vieren die letzten Nägel einer Leiste anbrachte.

Ohne viel Zeit zu verlieren, erzählte Christine von dem Telefonat mit Mark. Vierzig Minuten später sperrte Martin Luber die Tür des Kellerabteils mit drei großen Vorhängeschlössern von innen zu. Christine sah sich in dem mühsam eingerichteten, aber dennoch beklemmend kleinen Raum um.

»Und wo gehen wir auf die Toilette, du Held?«, fragte sie und klopfte Martin auf den Kopf.

»Na dann muss halt der Fahrradkeller dafür herhalten. Ich kann hier unten keine ganze Wohnung einrichten, Christine. Dazu ist der Raum zu klein«, zischte Martin genervt.

Die Arbeit in den letzten Tagen und der überstürzte Einzug in das Kellerabteil hatten seine Laune zum Nullpunkt befördert.

»Obwohl noch gar nichts passiert ist, soll ich in ein paar Stunden in den Fahrradkeller gehen und in die Ecke pinkeln? Echt jetzt?« Christine konnte nicht glauben, was Martin gerade von sich gegeben hatte.

»Hey, meinetwegen können wir auch nach oben gehen und uns vor den Fernseher setzen. Du wolltest vorhin nach unten und ich habe nichts dagegen gesagt. Also fahr mich bitte jetzt nicht an.«

Christine beschloss, die Sache auf sich beruhen zu lassen. Es war gut, dass sie unten waren. Sie dachte daran, dass Martin in den letzten Tagen nicht mehr als drei Stunden am Stück geschlafen und seine Energie ausschließlich darauf verwendet hatte, den Keller in einen bewohnbaren Raum zu verwandeln. Der Spruch tat ihr leid. Sie streichelte sanft über Martins Wange.

»Das hast du hier wirklich fantastisch gemacht, mein Großer. Ernsthaft, ich bin stolz auf dich.«

Martin sah Christine verlegen an und nickte. Er schaltete den kleinen Fernseher an und pumpte die Luftmatratzen auf.

»Das Schlafgemach ist hergerichtet, Mylady«, versuchte Martin zu witzeln, doch er brachte kein Lächeln zustande. Müde und traurig blickte Luber auf die grüne und die rote Luftmatratze.

Christine zog am Türknauf. Das Kellerabteil war fest verschlossen. Sie ahnte in diesem Moment nicht, dass sie ihre Wohnung im zweiten Stock für sehr lange Zeit nicht mehr betreten sollte.

»Er ist wach! Holen Sie den Arzt. SOFORT!«

Die Stationsschwester war aufgrund der außergewöhnlichen Herzfrequenz alarmiert worden und hatte Michaels Zimmer betreten, um nach dem Rechten zu sehen. Miller lag seit geraumer Zeit auf der Intensivstation. Das Monitoring, das Michaels Vitalfunktionen überwachte, hatte Alarm geschlagen. Dr. Jannika kam wenige Augenblicke später dazu und setzte ihre Brille auf. Die erfahrene Ärztin ließ sich von der Hektik der neuen Stationsschwester nicht anstecken. Im Laufe der dreißig Jahre in den bulgarischen Krankenhäusern hatte sie zu viel gesehen, vieles nicht verstehen können und vieles einfach hinnehmen müssen. Patient Miller war kein komplexer Fall und zeigte auch kein Krankheitsbild, weswegen ihn die Ärzte abgeschrieben hätten. Nur hatte niemand damit gerechnet, dass er so schnell aus dem Koma erwachen würde. Der Chefarzt hatte drei Tage zuvor angeordnet, die Dosierung des Medikaments, das für das künstliche Koma verantwortlich war, herunterzufahren. Als sie in Michaels halboffenen Augen blickte, lächelte sie überrascht.

»Guten Morgen, Herr Miller. Gut geschlafen?«

Dr. Jannikas tiefe Stimme wirkte beruhigend auf Michael. Er kniff die Augen ein wenig zusammen, um die Person, die sich über ihn beugte, besser erkennen zu können. Er kannte die Frau nicht, war nicht in der Lage, sich zu artikulieren, und schloss seine Augen wieder.

Miller war aus dem Gröbsten raus. Die Entzündung hatte gedroht, seine Organe anzugreifen. Dem hochdosierten Antibiotikum, dem künstlichen Koma und letztendlich seinem gut funktionierenden Immunsystem waren es zu verdanken, dass sein Körper den Kampf gegen die bakterielle Infektion gewonnen hatte. Die Ärztin ordnete eine niedrigere Dosierung der Medikamente an und verließ die Intensivstation. Sie schätzte, dass Miller in ein bis zwei Wochen wieder der Alte sein und womöglich in einem Monat fit und pfeifend das Krankenhaus verlassen würde.

Dr. Jannika informierte Agent Crowley über die guten Neuigkeiten. Die Botschaft machte schnell die Runde und eine Stunde später lagen sich Martin und Christine in dem Kellerabteil weinend vor Freude in den Armen.

Während Michael Miller erschöpft in einen normalen Schlaf fiel, klingelte Admiral Wilkens Telefon. Das Gespräch war kurz und die Information hinterließ weitere Fragezeichen in seinem Kopf. Die Armee der Kreaturen hatte ihr Tempo weiter verlangsamt. Lediglich fünf Kilometer trennten die Heeresspitze von der bolivianischen Grenze. Wilkens und Midler betrachteten im Beisein von etlichen Ministern und Beratern das neueste Satellitenbild. Es machte den Anschein, als würden die Geschöpfe einen entspannten Spaziergang zum Grenzgebiet unternehmen.

»Wenn sie sich in dem Tempo weiterbewegen, wird der Kontakt erst in ein oder zwei Tagen zustande kommen, Präsident Midler. Die Medien drängen auf eine Stellungnahme und unser Pressesprecher bittet die Bevölkerung seit Stunden um Geduld. Wollen Sie eine kurze Zwischenmeldung an die Medien abgeben? Es macht den Anschein, als würden die Menschen langsam, aber sicher …«

»Nein, das möchte ich nicht«, unterbrach Midler Admiral Wilkens.

»Was zum Teufel haben sie vor? Warum verlangsamen sie ihren Marsch?«, murmelte der Präsident nachdenklich und betrachtete erneut das Stillleben auf dem Monitor.

Die Geschöpfe hatten sich nach Berechnungen der letzten Tage mit einer Geschwindigkeit von bis zu 144 Kilometern pro Stunde durch Argentinien bewegt. Doch nun glich ihre Geschwindigkeit der einer schlendernden Wandergruppe.

»Wir wissen es nicht. Wir gehen davon aus, dass diese Geschöpfe von unserer Anwesenheit an der Grenze wissen. Offizier Perez, der den Einsatz vor Ort leitet, hat uns mitgeteilt, dass es bereits Sichtkontakt gebe. Die Späher haben eindeutig eine gewaltige Formation identifiziert, die sich langsam auf sie zubewegt. Die Truppen sind in Alarmbereitschaft, wir sind bereit, jeden Moment mit der Kommunikation zu beginnen.«

Midler sah seinen Admiral kritisch an und nickte.

Tag X war verstrichen. Die meisten Menschen hatten ihn damit verbracht, in die Fernsehapparate zu starren, um zu erfahren, was diese Lebewesen wollten und ob der Erstkontakt friedlich verlaufen sei. Die Konföderation hüllte sich in den Mantel des eisernen Schweigens. Nachdem das Weiße Haus anfangs noch stündlich darum gebeten hatte, sich in Geduld zu üben, war es vor mittlerweile fünf Stunden verstummt. Die zunehmende Ratlosigkeit der Moderatoren, Journalisten und Reporter machte es unmöglich, die Menschen vor den Fernsehern und Radiogeräten ruhigzuhalten.

Am Morgen des nächsten Tages nahm der Unmut eine Eigendynamik an, sodass er sich schnell über den ganzen Globus verbreitete. Zuerst berichtete der französische Nachrichtensender Nouvelles National von Demonstrationen rund um den Eiffelturm. Die spontanen Versammlungen schossen nach den ersten Pressemeldungen wie Pilze aus dem Boden. Zwei Stunden später kam es zu Großdemonstrationen an der Notre-Dame und dem Louvre. Innerhalb des Vormittags schwappten die Bewegungen grenzübergreifend auf die Großstädte Europas über. Die Bürger forderten eine Stellungnahme der Konföderation und beriefen sich auf das Recht der Informationsfreiheit. Der Flächenbrand ergriff innerhalb von vierundzwanzig Stunden den Globus. Die Demonstrationen waren der Nährboden für neue Berichterstattungen. Journalistinnen schrieben in Online-

Magazinen über die aufgebrachten Massen, Reporter kommentierten das Geschehen vor Ort, Nachrichtensprecherinnen lasen wieder neue Sätze von den Teleprompten vor. Das Chaos kam wie gerufen und lenkte von der Reaktionslosigkeit der Konföderation ab.

Martin und Christine verharrten im Kellerabteil. Durch das vernagelte Kellerfenster hörten sie die Sprechgesänge der verärgerten Bürger, die in ihren Aufmärschen nach Informationen verlangten. Der leere Farbeimer im Fahrradkeller wurde zu einer Toilette umfunktioniert. Christine war nahe dran, den ganzen Plan über Bord zu werfen und wieder in ihre Wohnung zu gehen, doch Martin bat sie darum, noch durchzuhalten. Er hielt seine Kollegin und Freundin an der Schulter fest und zeigte ihr eine WhatsApp-Konversation der letzten Stunde.

> Martin: Mark, was ist los bei euch? Der Tag ist um und nichts ist passiert. Du gehst nicht ans Telefon. Die Medien berichten absolut gar nichts, als wäre nie etwas passiert. Die Menschen sammeln sich auch in München. Kommando zurück und wieder ab in die Wohnung?
> Mark A.: Nein.
> Martin: Es wäre nett, wenn du mir wenigstens einen vollständigen Satz schreiben könntest. Wir verstecken uns hier wie zwei verrückte Sektenmitglieder in einem Keller und warten auf das Ende der Welt. Was soll der Unsinn?

Mark A.: Es ist noch nicht so weit. Ich bitte euch von Herzen, bleibt wo ihr seid. Haltet noch einen Tag durch. Bitte, Martin. Bitte!
Martin: Und was soll dann passieren?
Martin: Mark?
Martin: Hallo Mark?

Christine las die Nachrichten ein paarmal durch. Ihre Augen flogen immer wieder über die ungewöhnlich flehende Art Mark Allisons, die Stellung zu halten und nicht in die Wohnung zurückzukehren. Sie verdrehte die Augen und sah Martin leicht genervt an.

»Dann gib mir wenigstens einen Bananenriegel aus dem Vorrat«, murmelte sie und setzte sich wieder auf die rote Luftmatratze.

Martin reichte ihr schnell ihr Lebenselixier und nahm neben ihr Platz.

»Danke, Christine. Wir haben doch nichts zu verlieren. Wenn nichts passiert, werden wir sicherlich in ein paar Wochen darüber lachen können«, sagte Martin.

Es hatte nicht viel gefehlt, bis Maria eine Grundsatzdiskussion mit Leonardo vom Zaun gebrochen hätte. Natürlich meinte ihr Nachbar es nicht böse, aber die besserwisserische Art des Fünfzigjährigen zehrte an ihren Nerven. Leonardo und Maria verbrachten so viel Zeit miteinander wie ein Ehepaar. Der

Sizilianer versuchte, die alleinerziehende Mutter mit all seinen rhetorischen Künsten davon zu überzeugen, dass es nicht nötig sei, ihr Haus zu vernageln, zumal es eine Heidenarbeit sei, die Löcher der Nägel anschließend wieder auszubessern. Maria beendete das Zwiegespräch schlussendlich, indem sie Leonardo daran erinnerte, dass es ihr Grundstück sei, auf dem sie tun und lassen könne, was immer sie wolle. Nachdem Leonardo zwei Minuten vor sich hin geschmollt hatte, nahm er wortlos den zweiten Hammer aus dem Werkzeugkasten und half bei den restlichen Brettern.

Am Nachmittag schlenderten Maria, Gabriel und Leonardo zum Marktplatz vor dem Rathaus, um mit den anderen Dorfbewohnern zu trinken, zu essen und über die aktuelle Weltsituation zu sprechen. Fernab von den teilweise gewalttätigen Ausschreitungen in Rom und den großen Menschenansammlungen in Palermo regelte man in Cefalú die Dinge auf seine eigene Weise. Maria erkundigte sich regelmäßig über WhatsApp bei Matteo, wie die Situation in Palermo sei, und er schickte ihr ein Foto nach dem anderen. Eine Vielzahl der Sizilianer hatte den Verkehr in der Großstadt lahmgelegt und protestierte mit Pappschildern gegen das Schweigen der Konföderation.

»Und ich sage euch, es wird nichts passieren. Das Ganze wurde von der Konföderation nur erfunden. Es gibt weder kleine grüne Männchen noch einen letzten dieser unheimlichen

Wolkenringe. Die wollen nur davon ablenken, dass sie gar nicht wussten, was passierte, bis das Ganze verpufft ist. Ich sag euch, das ist ein einziger großer Bluff«, plapperte Pedro, der schon zu tief ins Weinglas geschaut hatte.

Maria fühlte sich unbehaglich. Sie nahm Leonardo zur Seite und bat ihn, ihr noch etwas im Haus zu helfen.

»Maria, es ist bald achtzehn Uhr. Wollen wir nicht morgen weitermachen? Genieß doch einfach mal die Gesellschaft der anderen und schalte dein stures Köpfchen ab.« Leonardo zwinkerte Maria friedliebend an, doch sie erwiderte sein Lächeln nicht.

»Was hast du denn?«, fragte er besorgt.

»Es ist nur so ein Bauchgefühl. Ich würde dich nur bitten, mir dabei zu helfen, die restlichen Batterien und Lebensmittel in den Keller zu schaffen. Das ist alles.«

Leonardo nickte und die beiden verließen die angeheizte Diskussion über Unwahrheiten und Verschwörungstheorien.

Zuhause angekommen half Leonardo Maria, die Kartons mit Konserven und die Wasserkanister in den Keller zu tragen.

»Wieso liegen hier drei Matratzen?« Verwundert blickte Leonardo in den Raum neben dem Heizungskeller.

»Für den Fall der Fälle. Ich hoffe, ich irre mich. Die dritte Liege ist für dich, Leonardo. Wenn es so weit ist, sollten wir auf alle Eventualitäten vorbe…«

Leonardo fasste Maria liebevoll an den Schultern und sah ihr tief in die Augen.

»Ach, Maria. Die Welt geht nicht unter. Der Tag des Jüngsten Gerichtes wird nicht kommen. Du wirst sehen, dass sich in den nächsten Tagen alles auflösen wird. Aber sei es drum. Ich mache das für dich, auch wenn ich nicht einmal ansatzweise verstehe, was diese übertriebene Panik soll. Für dich und deinen Schlaf, den du brauchst, wenn ich in deine müden Augen sehe.«

Die Achtunddreißigjährige beließ es bei seinen Worten und entschloss sich, nicht weiter darüber zu reden. Wichtiger als die Grundsatzdiskussion war es, die Vorräte in dem Keller zu verstauen.

An diesem Junitag um 05:52 Uhr argentinischer Zeit senkte Offizier Perez langsam sein Nachtsichtfernglas und sah mit bloßem Auge, was er zuvor mit seiner technischen Hilfe erkannt hatte.

»Sie sind da«, flüsterte er und ließ sich von seinem Kommandanten das Satellitentelefon geben.

»Admiral Wilkens, wir haben Sichtkontakt. Es sind noch ungefähr einhundert Meter bis zum Sandwall. Es geht los.«

Perez legte auf und gab den Unteroffizieren den Befehl, in Stellung zu gehen. Das Militär hatte aufgrund der starren Formation einen sieben Kilometer langen Sandwall an der bolivianischen Grenze errichtet. Wenige Meter dahinter, präzise ausgerichtet ragte eine sechs Meter hohe Leinwand in den Himmel. Der erste Soldatentrupp, der sich hinter dem Sandwall in Position gebracht hatte, erhielt den Befehl, keinesfalls auf die Kreaturen zu schießen und Gewehr bei Fuß zu stehen. Alles folgte der strikten Angabe der Konföderation, auf die Wesen deeskalierend zu wirken. Bis zu diesem Tag hatten über 300.000 Soldaten das Grenzgebiet zu Argentinien erreicht und sich auf über vierzig Kilometer bis ins Landesinnere von Bolivien verteilt.

Offizier Perez sah durch das Nachtsichtgerät und erkannte drei Lebewesen an der Spitze der Formation. Es wirkte, als würden sie schlendern. Aus dieser Entfernung hätte der Anblick des Militärs auf die Geschöpfe bedrohlich wirken müssen. Die Mündungen der schweren Geschütztürme ragten in den Himmel. Fünfzig Meter vor dem Wall, umringt von dem Grün und den unendlichen Feldern auf argentinischer Seite, blieben die drei Geschöpfe schließlich stehen. Die gespenstische Stille bereitete vielen Soldaten hinter den aufgetürmten Sandsäcken eine Gänsehaut. Ein Schwarm Felsensittiche flog aufgeschreckt über die drei Kreaturen hinweg. Perez konnte erkennen, wie eines der beiden Wesen hinter dem Anführer neugierig nach oben sah und den Flug der Vögel verfolgte. Das endlos wirkende Heer war stehen geblieben. Offizier Perez zoomte an den Anführer heran, der sich nun allein auf den Sandwall zubewegte. Er erkannte einen jungen Mann. Das hellblaue Hemd und die Hose, deren Stoff einer Jeans glich, ließ die Kreatur menschlicher erscheinen, als er es sich vorgestellt hatte. Die kurz geschorenen, dunklen Haare und die Turnschuhe irritierten Perez. Vor ihnen stand ein Zivilist, der keineswegs wie ein Monster aussah, vielmehr erinnerte er ihn an seinen Nachbarn Rodriguez, mit dem er ab und an einen Ginebra kippte und Fußball sah.

Das Wesen stoppte zehn Meter vor dem Wall und drehte seinen Kopf sehr langsam von links nach rechts. Perez erkannte, dass die Arme der Kreatur wie abgestorben nach unten hingen, auch die Hände schienen nutzlos herunterzubaumeln, als gehörten sie nicht zum Rest des Körpers. Er schwenkte mit seinem Fernglas zu den beiden anderen. Erst bei längerer Betrachtung stellte er fest, dass die Gestik nicht der der Menschen entsprach. Die beiden Gefolgsleute hatten ihre Köpfe seitlich nach oben geneigt, als würden sie auf bizarre Art und Weise den Sonnenaufgang betrachten wollen. Der Unteroffizier reichte Perez das Satellitentelefon.

»Offizier Perez, schalten Sie endlich die Kameras zur Übertragung ein. Wir sehen hier nur einen schwarzen Bildschirm, gottverdammt«, fluchte Admiral Wilkens in das Telefon.

Der Offizier blickte auf das Notebook vor ihm und sah, dass alle installierten Kameras aktiv waren und die Bilder übertrugen.

»Admiral, die Kameras sind alle eingeschaltet und übertragen die Bilder, zumindest auf meinem Notebook.« Ratlos winkte er seinen Kommandanten zu sich und trug ihm auf, den Techniker zu holen.

»Nein, Perez. Wir sehen hier gar nichts. Beheben Sie das.« Der Admiral legte auf. Wenn Wilkens etwas auf den Tod hasste, dann war es die unprofessionelle Ausführung seiner Befehle. So etwas durfte, egal bei welcher Operation, niemals passieren.

Die Augen des Anführers wanderten ruhig über das vor ihm liegende Szenario. Die Pupillen des Wesens verkleinerten sich. Sein Blick haftete für einen Augenblick auf den Sandsäcken und den Soldaten, die ihn mit konzentrierten Gesichtern beobachteten. Er fixierte die weiße Leinwand und sah schließlich zu den Geschütztürmen, die in einem Abstand von dreißig Metern zueinander installiert worden waren. Es machte den Eindruck, als würde der Anführer schmunzeln, doch im nächsten Moment zeigte er seine Zähne und gab ein leises Klacken, das aus seinem Kehlkopf kam, von sich. Er beugte sich langsam nach vorn, berührte mit seinen Händen den Boden und ging wie in Zeitlupe in den Handstand über. Der Positionswechsel dauerte mehr als sieben Minuten und die

Soldaten in vorderster Front betrachteten das Kunststück mit ungläubigen Blicken. Kein Mensch hätte jemals die Kraft dafür aufgebracht, diese Bewegung so langsam zu vollführen. Schließlich drehte sich das Wesen um und sah kopfüber auf den Sandwall. Es verharrte in der Position und bewegte sich nicht mehr.

»Sollen wir starten?«, flüsterte der Kommandant zu Offizier Perez, der durch sein Fernglas sah und langsam den Kopf schüttelte.

Dreißig Minuten verstrichen, doch nichts geschah. Der Anführer verharrte im Handstand und die Heerschar hinter ihm bewegte sich nicht. Wie eine Armee stummer Zinnsoldaten schien sie auf einen Befehl ihres Truppenführers zu warten. Die Kirchenglocke aus dem nahegelegenen Dorf auf der argentinischen Seite nahe der Grenze läutete. Der Wind trug das Glockengeräusch in die Stille an der Front. Der Stundenzeiger der alten Kirchenuhr hatte die Sechs erreicht. Das Satellitentelefon vibrierte.

»Ja?«

»Perez, was zur Hölle ist los bei Ihnen? Wir haben kein Bild. Sie werden sich dafür verantworten müssen«, schrie Wilkens in den Hörer.

»Unsere Techniker haben die Kameras und die Verbindung überprüft. Es ist alles in bester Ordnung, Admiral. Ich kann

Ihnen nicht sagen, wo das Problem liegt«, antwortete Perez ruhig.

Der Admiral schnaufte in das Telefon. »Was geht bei Ihnen vor sich? Was machen die Kreaturen?«

»Sie haben angehalten. Ein Mann … ich meine, ein Wesen, anscheinend ihr Anführer, ist vorgetreten und steht seit einer halben Stunde auf den Händen. Er starrt zu uns rüber.«

»Auf den Händen?«, fragte Wilkens nach.

»Im Handstand, Admiral. Es gibt keinerlei Bewegung auf der anderen Seite. Sie halten die Formation.«

»Fangen Sie an«, ordnete der Admiral trocken an.

Offizier Perez bestätigte den Befehl und legte auf. Er winkte seinen Kommandanten zu sich und gab ihm das Zeichen, den Beamer einschalten zu lassen. Er nahm seine Mütze ab, legte sie vor sich hin und bekreuzigte sich. Perez schickte ein Gebet in den Himmel, das er Tage zuvor aufgeschrieben und auswendig gelernt hatte. Der Spanier dankte Gott für sein gesundes und erfülltes Leben und bat um Vergebung, falls er in der schwierigsten Stunde der Menschheit einen falschen Befehl ausführen würde.

Der Projektor begann leise zu summen, die Kappe wurde vom Objektiv entfernt und das grelle Licht überflutete die meterhohe Leinwand.

Der Anführer sprang auf die Füße und neigte den Kopf zur rechten Seite. Er trat einen Schritt nach vorn und musterte das künstliche Licht. Die leere Projektion des Beamers erhellte den Boden vor ihm und spendete mehr Licht als die aufgehende Sonne. Ein Techniker drückte nervös den Knopf des Wiedergabegeräts und das Abbild der Weltkarte des fremden Planeten erschien. Links und rechts neben der Karte flimmerten die skizzierten Hände, die sich freundschaftlich begrüßten. Am unteren Rand war eine weiße Taube mit einem grünen Zweig im Schnabel zu erkennen.

Regungslos beäugte die Kreatur minutenlang die Weltkarte ihrer Heimat. Ihre Pupillen wanderten zu den Händen und der Taube, um schließlich wieder an der geografischen Zeichnung ihrer Welt haften zu bleiben. Der linke Gefolgsmann des Anführers kam nach vorn und gurgelte in einer sehr hohen Tonlage unmenschliche Geräusche und trat schließlich wieder zurück. Das Geschöpf an der Spitze setzte sich auf den Boden und klopfte mit seiner Hand neben sich. Es sah zu den zahllosen Soldaten hinter den Sandsäcken und wiederholte seine Geste. Dreimal klopfte es auf den Boden, sah nach oben und ließ seinen Blick über die Soldaten schweifen.

Er möchte reden. Er bittet den Anführer unserer Welt zu sich.

Perez kombinierte schnell, nahm das Telefon und wählte die Nummer des Admirals. In hastigen Worten schilderte er die Situation. Admiral Wilkens befahl Perez, zu dem Geschöpf zu gehen, um Kontakt aufzunehmen.

»Heilige Mutter Maria steh mir bei. Ich werde ein Held oder ich werde sterben«, flüsterte Perez.

Er zitterte am ganzen Körper. Obwohl ihm bewusst gewesen war, dass er an vorderster Front das Sprachrohr der Konföderation sein würde, zeigte sich ihm die Realität erschreckend und gespenstisch. Er setzte seine Mütze auf, knöpfte seine Uniform zu und schritt die Reihen hinab. Sein Herz raste und er bekam stechende Kopfschmerzen in der Nähe seiner Schläfen. Wie aus der Vogelperspektive sah Perez sich selbst dabei zu, wie er mit weichen Knien näher an das Wesen herantrat. Wenige Meter vor der Kreatur blieb Perez stehen und zwang sich, dem Geschöpf in die Augen zu sehen. Seine Hände zitterten und der spanische Soldat kämpfte für eine Sekunde gegen die drohende Ohnmacht an. Nein, er wollte nicht als der Mann in die Geschichte der Menschheit eingehen, der schreiend vor einem auf dem Boden sitzenden Mann weggelaufen war. Er hatte einen Eid geleistet. Dem Volk, der Menschheit zu dienen und den Frieden zu bewahren. Perez sammelte sich wieder und atmete ruhig aus.

Die Kreatur sah dem Offizier in die Augen und klopfte auf den Boden. Perez konnte das Klopfen auf dem Boden hören. Er schaltete seinen Verstand ab, ging langsam auf die Kreatur zu und setzte sich vorsichtig. Er ahmte die Sitzhaltung des Geschöpfes nach und setzte sich in den Schneidersitz. Die Kreatur nahm langsam die Hand vom Boden und betrachtete ihr

Gegenüber. Die Minuten verstrichen. Perez wagte es nicht, etwas zu sagen. Er hielt dem Blick des Wesens stand. Konzentrierte sich darauf, weder zu lächeln noch grimmig zu wirken. Er versuchte, so neutral wie möglich zu wirken. Der oberste Befehl der Konföderation besagte bei dieser Operation, nicht zuerst zu agieren. Diesen Befehl missachtete Perez an dem Morgen des 3. Juni. Der Offizier konnte dem Blick des Wesens nicht länger standhalten. Die stummen Minuten, die ihm wie Stunden vorkamen, zwangen ihn zum ersten Schritt.

»Hallo«, flüsterte er ängstlich. Perez war sich sicher, dass sein Herz jeden Moment aus seiner Brust springen würde.

Die Kreatur fletschte die Zähne und klackerte so laut, dass Perez zusammenzuckte und die Hände an seine Ohren riss. Er wusste nicht, ob ihn das durchdringende Geräusch aus dem Kehlkopf des Wesens oder die unzähligen, zu klein geratenen Zähne mehr verstörten. Auf eine eigenartige Weise verspürte der Offizier keine Furcht mehr. Diese Bestie sprang ihn weder an noch zerfleischte sie ihn. Auch die unzähligen Wesen hinter dem Anführer blieben regungslos.

»Können Sie mich verstehen?«, flüsterte er und schob seine Augenbrauen hoffnungsvoll nach oben.

Die Kreatur neigte den Kopf auf die andere Seite und begann in dieser Position zu nicken.

Unwillkürlich musste der Offizier an den Film »Der Exorzist« denken. Der Dämon hatte sich bewegt. Der seitlich geneigte Kopf nickte bestätigend. Es wirkte unmenschlich und grausam, wie das Geschöpf auf ihn reagierte.

Es versteht meine Sprache. Es sagt nichts. Warum sagt es nichts?

Perez beschloss, den Mund zu halten. Er hatte gegen die Anordnungen der Konföderation gehandelt und den ersten Schritt der Kommunikation gemacht. Das Geschöpf richtete den Kopf wieder auf und beugte sich nach vorn.

»Wir sind da.« Das Geschöpf hatte die Wörter herausgewürgt. Offenbar bereitete es der Kreatur Schmerzen, in der Sprache der Menschen zu sprechen.

Perez lächelte, obwohl er den Sinn des Satzes nicht verstand. Er freute sich, dass ein Gespräch in seiner Sprache möglich war. Die Millionen Toten, die auf das Konto der Eindringlinge gingen, das größte militärische Manöver der Menschheitsgeschichte – all das schien in diesem Augenblick unwichtig zu sein. Offizier Perez hatte zu einer Spezies, die nicht von diesem Planeten stammte, Kontakt aufgenommen.

»Warum können Sie unsere Sprache sprechen? Wir wollen Frieden.« Perez hob langsam seine Hände und zeigte dem Geschöpf seine Handinnenflächen.

Der Anführer verstand die Geste des Offiziers nicht und fletschte seine Zähne. Perez nahm seine Hände herunter und wartete auf eine Reaktion.

»Die Anreihung und Kombination der von euch verwendeten Sprachmuster ist sehr simpel. Diese Kommunikationsart ist sehr banal und leicht zu erlernen.«

Perez musste sich an die würgende Aussprache seines Gesprächspartners erst gewöhnen. Es erstaunte ihn, wie flüssig die Kreatur trotz der angestrengten Stimme mit ihm kommunizierte.

»Mein Name ist Offizier Miguel Perez. Wir wollen Frieden«, wiederholte er.

Das Wesen beugte sich weiter nach vorn, sodass Perez den fauligen Geruch, der aus dem Mund des Geschöpfes kam, riechen konnte. Um ein Haar hätte er sich übergeben. Der Gestank erinnerte ihn an verwesendes Fleisch oder den Jauchegeruch auf den Feldern seines Heimatdorfes.

»Nein, ihr wollt keinen Frieden«, flüsterte das Geschöpf und sah mit seinem starren Blick in die Augen des Offiziers.

Perez drehte sich zur riesigen Leinwand um und deutete mit dem Finger darauf.

»Doch, sehen Sie nur.« Perez deutete auf die Soldaten hinter sich, die still dastanden und das Geschehen beobachteten. »Wir wollen reden. Warum seid ihr hier?«

Das Geschöpf stand auf. Perez beschloss, im Schneidersitz zu verharren, um keine Missverständnisse aufkommen zu lassen, und blickte das Geschöpf fragend an.

Es fletschte seine Zähne und beäugte die Leinwand. Die Kreatur sah nach unten zu Perez, der es vermied, eine falsche Bewegung zu machen.

»Stehen Sie auf.«

Perez gehorchte. Die Kreatur sah dem Offizier ohne Emotionen in die Augen. Ihre Arme baumelten am Körper herunter, als wären die Glieder kraftlos und ohne jegliche Kontrolle.

»Eure Spezies ist töricht. Eure Selbsteinschätzung ist herablassend und respektlos gegenüber der Natur und dem Universum, wie ihr es nennt. Euer Handeln unüberlegt und dennoch eures Intellektes angemessen«, stellte die Kreatur fest und betrachtete den Offizier mit Argwohn.

Perplex von dem Urteil der Kreatur fand der ranghohe Soldat keine Worte und sah das Wesen hilflos an. In seiner Verzweiflung deutete Perez wieder auf die Leinwand und setzte gerade an, seinen Satz zu wiederholen, als die Kreatur auf ihn zusprang und wenige Zentimeter vor dem Offizier zum Stehen kam. Die Soldaten hinter dem Sandwall regten sich. Dennoch hielten sie sich an den Befehl und ließen die Waffen gesenkt. Das Wesen roch an dem Hals des Offiziers, während sein Gebiss wieder zum Vorschein kam. Perez fühlte, wie Angstschweiß seine Uniform durchdrang.

»Wer gibt euch das Recht zu töten? Wer hat euch den Rang verliehen, die Spitze der Evolutionskette zu sein und in den Lebensraum anderer Wesen einzudringen?«

Die würgenden Worte ließen Perez erschaudern. Auf die tiefgründigen Fragen der Kreatur fand er keine Antwort. Wieder neigte die Kreatur ihren Kopf zur linken Seite und sah den uniformierten Mann eindringlich an.

»Ich weiß es nicht, Sir«, antwortete er leise und senkte seinen Blick zu Boden. Perez rechnete damit, jeden Moment zu sterben. Er hatte versagt. Nach wenigen Worten hatte die Kreatur ihn rhetorisch und intellektuell in eine tödliche Ecke gedrängt. Ein lautes Klacken verließ den Kehlkopf. So laut, dass Perez zusammenzuckte, es aber nicht wagte, seinen Blick zu heben. Er erinnerte sich an seinen Befehl, daran, dass er ein dominantes Naturell hatte, und an die Tatsache, dass Abertausende schwer bewaffneter Soldaten hinter ihm standen. Langsam hob er den Kopf und sah das Wesen mit einem festen Blick an.

»Wir wollen mit euch reden. Verhandeln. Wir, die Bewohner dieses Planeten, wollen keinen Krieg. Lasst uns darüber sprechen, was wir tun können, um dieses Missverständnis aus der Welt zu schaffen.« Perez hörte sich selbst reden. Hörte seine sichere Stimme, den lauten Ton. Er war sich sicher, das Gespräch in die richtige Bahn gelenkt zu haben.

Die Kreatur keuchte laut. Ihre Mimik glich der eines lachenden Menschen, aber es klang, als würde sie nach Luft ringen. Es dauerte eine Minute, bis sie sich beruhigte. Die Miene verwandelte sich wieder in das seelen- und ausdruckslose Gesicht, das Perez zuvor kennengelernt hatte.

»Wahrlich ist es so effektiv, mit euch zu sprechen wie mit einem jungen Namtoh.«

Perez wusste nicht, was ein Namtoh war, und beschloss, es nicht zu hinterfragen.

Das Geschöpf sprang auf seine Hände, Perez wich erschrocken zwei Schritte zurück. Der Anführer ging zu seinen beiden Gefolgsleuten. Sie begannen, sich mit schnellen Abfolgen der klackenden Geräusche auszutauschen. Der Anführer kam zurück, sprang auf seine Beine und zeigte Perez seine flache linke Hand. Der Soldat stellte fest, dass in der Innenfläche der Kreatur keine Linien zu erkennen waren. Er richtete seinen Blick wieder auf das Gesicht des Geschöpfes und wartete ab.

»Ihr dringt in unser Nook ein, in unsere Welt. Spaziert umher, plündert unsere Ressourcen und übt Gewalt an unserer Spezies aus. Denkt ihr wirklich, euer borniertes Verhalten bleibt ungestraft?«

»Es war ein Unfall. Es war keine Absicht. Ich weiß nicht, was ein Nook ist, aber ich spreche im Namen der Menschheit: Wir wollen Frieden. Es war nicht unser Wunsch, eine Konfrontation mit eurer Spezies zu entfachen. Wir möchten dieses Missgeschick aus der Welt schaffen. Ihr habt ein ganzes Land ausgerottet. Es muss niemand mehr sterben. Auf beiden Seiten.«

Wieder lachte das Wesen keuchend.

»Auf beiden Seiten? Wie überheblich eure Rasse doch ist. Unser Nook nennt ihr Atmosphäre. Ihr verändert die Grundgesetze des Universums. Ihr stellt euch über die Natur und manipuliert nach eurem Gutdünken. Auf unserem Weg hierher haben wir gelernt, was ihr seid, wie ihr funktioniert und wie aggressiv und kurzsichtig eure Rasse ist. Ihr werdet uns das Menschengeschöpf ausliefern, das in unsere Nook eingedrungen ist. Spätestens wenn eure Sonne das zweite Mal diesen Ort erleuchtet. Gehe zu deinem Anführer oder König. Wir sind uns sicher, dass ihr nicht im Kollektiv entscheidet, das lässt euer Intellekt nicht zu. Wir werden hier warten.«

Mit diesen Worten drehte sich das Wesen der gigantischen Armee um und war im Begriff, zu seinen Gefolgsleuten zu gehen, als Perez der Jähzorn übermannte.

»Wir sind nicht dumm. Wir leben seit über 300.000 Jahren auf diesem Planeten und haben all das Erschaffen. Außerdem scheine ich ja gerade auch mit einem Anführer zu sprechen, oder?« Kaum hatten die Worte seinen Mund verlassen, bereute der Offizier sie zutiefst.

Langsam drehte sich das Geschöpf um und gab ein hohes Klacken von sich.

»Ich bin kein Anführer. Wir degradieren uns nicht. Wir stellen uns nicht über andere. Ich bin das Sprachrohr. Wir warten.«

Offenbar hatte es kein Interesse, auf die wütenden Worte von Perez einzugehen, und trat wieder zurück. Ein ohrenbetäubendes Glucksen durchdrang die angespannte Stille an der bolivianischen Grenze und mit einem Mal sprang die kilometerlange Armee der fremden Geschöpfe in den Handstand.

Offizier Perez betrachtete das imposante Spektakel mit einer Gänsehaut auf seinen Armen. Er trat langsam zurück, ging hinter den Sandwall und winkte hektisch seinen Unteroffizier zu sich. Wenige Augenblicke später hatte der Offizier Admiral Wilkens am Telefon. Wilkens keifte seinen Untergebenen an, dass immer noch keine Kameraschaltung funktionieren würde, doch Perez ging auf die ungehaltene Art der obersten Befehlsexekutive des Militärs nicht ein. Hektisch erzählte er von dem Gespräch, gab jedes Wort wieder, an das er sich erinnern konnte, bis Admiral Wilkens ihn schließlich unterbrach.

»Mann, Perez, halten Sie verdammt noch mal die Klappe! Wir haben alles mitgehört, haben Sie vergessen, dass Sie verkabelt sind? Gottverdammt, was ist los mit Ihnen?«, schrie Wilkens.

Perez wischte sich den Schweiß von der Stirn. Natürlich hatte der Offizier das vergessen. Genauso wie er den Gesprächsleitfaden der Konföderation und die Techniken zur Gefühlskontrolle des Militärpsychologen vergessen hatte.

Sein Daumen drückte in regelmäßigen Abständen den Kugelschreiber. Klack, klack. Das kleine Kunststück, den Stift mit zwei Fingern um die eigene Achse zu wirbeln, machte die Sache nicht besser. Es beruhigte weder seine Nerven, noch förderte es seine Konzentration. Midler ließ den Stift auf den Tisch fallen, fuhr sich mit der Hand über den Mund und sah auf den Monitor. Die Weltkarte und die eingezeichneten unzähligen blauen Punkte an den Küstengebieten erzeugten in ihm ein Gefühl der Hilflosigkeit. Die metallischen Transportkugeln hatten sich nicht bewegt und verharrten wie stille Wächter auf dem Meeresgrund.

Admiral Wilkens fragte den Präsidenten, ob er die Aufzeichnung des Gespräches mit den fremden Wesen noch einmal hören wolle. Viermal hatte Tom Midler das Gespräch angehört. Es war dreimal zu viel. Schweigend saßen die hohen Funktionäre der Konföderation im Weißen Haus, das grüne Licht der Telefonspinne signalisierte die Zuschaltung der Mitglieder aus den anderen Ländern. Die Journalisten drängten immer penetranter nach einer Stellungnahme. Midler stand auf und sah auf seine Uhr. Seit mittlerweile drei Stunden beschäftigte sich der Rat der Konföderation mit der Forderung der Wesen. Schließlich ergriff Admiral Wilkens das Wort.

»Ich denke, dass eine diplomatische Lösung nicht möglich ist. Entweder wir liefern oder wir werden einer militärischen Konfrontation entgegensehen. Da es ohne Luftverkehr unmöglich ist, eine Person aus dem Krankenhaus in Sofia innerhalb von zwei Tagen an die bolivianische Grenze zu bringen, sollten wir uns mit der militärischen Option auseinandersetzen.«

Midler sah seinen Admiral erstaunt an und schüttelte langsam den Kopf.

»Nein. Ein Krieg ist keine Alternative. Diese Wesen sind uns überlegen. Die haben ihre gottverdammten runden Dinger auf dem ganzen Globus verstreut, die würden uns innerhalb weniger Stunden das Genick brechen. Wir wissen weder, was das für Behälter sind, noch was sie anrichten können. Ich kann einen Kamikazekurs nicht verantworten, Wilkens. Wir müssen noch mal verhandeln. Wir haben keine andere Option.«

An dem Abend erlöste der Pressesprecher des Weißen Hauses endlich die Bevölkerung und beendete zumindest zeitweise die weltweiten Ausschreitungen und den Unmut gegenüber der Konföderation. Er ließ die Menschen die Wahrheit wissen, ein wenig verharmlost und etwas blumig formuliert, und verkündete, dass es zu einem ersten Kontakt gekommen sei. Keine Gewalt habe das erste Aufeinandertreffen begleitet und man sei sich auf beiden Seiten darüber einig, so schnell wie möglich eine friedliche Lösung zu finden. Der Pressesprecher hinter seinem Rednerpult las ein Blatt nach dem anderen vor und vermittelte der Bevölkerung ein Gefühl von Sicherheit. Er beschrieb den außerordentlich guten Start der Gespräche sowie die Fortschritte in dem Vorhaben, den normalen Zustand in beiden Welten wiederherzustellen. Die verzweifelte Lüge der Konföderation trug Früchte und binnen vier Stunden ebbten die Gewaltausbrüche in den Metropolen ab. Die Menschen bekamen, wonach sie verlangten: Informationen und ein Lebenszeichen der Konföderation.

Gegen Abend wurde das FBI informiert. Im Gegensatz zur Normalbevölkerung kommunizierte man den Agenten in der Telefonkonferenz die unverblümte und schreckliche Wahrheit. Die Operation Black Dance musste schnell abgeschlossen werden und der Chef des FBI ließ seinen Mitarbeitern ausrichten, sich auf das Schlimmste einzustellen und Vorbereitungen für Burrow zu starten.

»Was meinen die mit Burrow?«, fragte Mark, der die Füße auf Crowleys Schreibtisch gelegt hatte und an die Decke starrte.

»Sich eingraben. Ich denke, du kannst dir vorstellen, was das bedeutet«, sagte Crowley leise. Er hatte die Hände tief in den Hosentaschen vergraben und lehnte am Fensterbrett.

»Soll das heißen, die Verhandlungen mit diesen Monstern werden abgebrochen? Ihr gebt auf und vergrabt euch wie Maulwürfe? Wartet ab, bis der ganze Spuk vorbei ist, in der Hoffnung, unbeschadet davonzukommen? Was ist mit den restlichen acht Milliarden? Obwohl, du hast schon recht. Ein paar weniger können ja nicht schaden. Die Population wächst sowieso zu schnell«, fluchte Mark und sah Crowley zornig an.

»Die Verhandlungen werden nicht abgebrochen. Aber wie du selbst gehört hast, können wir Michael nicht ausliefern. Wenn wir einmal den moralischen Aspekt beiseitelassen, ist es zeitlich ohne Flugzeug einfach nicht möglich.«

»Aber ansonsten würden sie es tun, oder was?«, schrie Mark los. Er war so schnell aufgestanden, dass der Bürostuhl mit einem dumpfen Schlag gegen die Wand hinter ihm gerollt war.

Crowley nickte. Er hielt dem strafenden Blick seines Freundes stand.

»Aber natürlich würden sie es tun, um die Menschheit vor Schlimmerem zu bewahren.«

Mark dachte einen Moment über die Antwort von Crowley nach und rieb sich die Augen.

»Ich werde Martin und Christine warnen. Ich werde ihnen erzählen, was ich gerade gehört habe.«

»Das spielt keine Rolle mehr, Mark. Wenn du sie dadurch retten kannst, rette sie.« Er klopfte Mark auf die Schulter und ging hinaus auf den Flur.

Der Wissenschaftler verlor keine Zeit und wählte Lubers Nummer. Zwanzig Minuten lang erzählte Mark von der Telefonkonferenz und den Fakten, die der Bevölkerung verschwiegen wurden. Der Wissenschaftler redete und redete, erzählte von Black Dance und von Burrow. Doch wie auch immer die geheimen Projekte betitelt worden waren, eines blieb gleich: Es handelte sich um einen minutiös geplanten Rückzug. Die Konföderation und das FBI wiegten die Bevölkerung aus Verzweiflung in Sicherheit, während sie hinterrücks die schweren Stahltüren der Bunker aufschlossen und das Licht einschalteten.

Martin war trotz der schwierigen Situation froh, dass Michael nicht ausgeliefert werden konnte, zumal er wusste, dass, wenn es nur den Hauch einer Möglichkeit gäbe, Michael nach Bolivien zu schaffen, die Konföderation nicht eine Sekunde zögern würde, seinen Freund in den sicheren Tod zu schicken. Luber hatte während des Gespräches den Lautsprecher eingeschaltet und das Telefon vor seine Luftmatratze auf den Boden des Kellerabteils gelegt. Christine sah auf die Uhr, es war nach zweiundzwanzig Uhr. Sie rechnete die Stunden aus, die ihr noch verbleiben würden, bis alles eskalierte.

»Was werden sie jetzt unternehmen?«, fragte Martin schließlich. Der Kopf war gesenkt, er starrte auf den Kellerboden.

»Crowley meinte, dass die Konföderation einen Plan ausarbeite und die Zeit nutze, um eine neue Diskussionsgrundlage zu schaffen«, erwiderte Mark.

»Diskussionsgrundlage? Wir sind in ihre Welt eingedrungen. Diese Monster sind uns nicht nur körperlich, sondern auch geistig überlegen. Das ist so, als würde eine Ameise mit einem Delphin diskutieren.« Christine konnte sich nicht mehr zurückhalten, doch wie so oft, wenn es um Politik ging, schlug sie sich wütend mit der Hand auf die Stirn.

»Ich weiß, Christine. Bleibt, wo ihr seid. Ich werde mich morgen mit Crowley zu einem Bunker begeben. Er liegt fünfundsechzig Kilometer von Sofia entfernt. Die anderen Mitarbeiter hier sind gerade dabei, das Gebäude zu räumen. Unterlagen, USB-Sticks, Laptops und so weiter. Ihr seid wütend, das kann ich verstehen. Aber seht es so: Dank dieser ganzen Fügung werden wir diesen Wahnsinn vielleicht unbeschadet überstehen. Also noch mal: Bitte bleibt, wo ihr seid.«

Martin und Christine tauschten einen Blick. Ohne ein Wort zu wechseln, wussten sie, dass Mark Allison mit seinen Worten recht hatte.

In dieser Nacht schliefen die beiden noch schlechter als zuvor. An die modrige Luft konnten sie sich nur schwer gewöhnen. Immer wieder stand Martin auf, um durch die schmalen Schlitze des vernagelten Kellerfensters zu atmen. Ab und an sah er das Scheinwerferlicht eines vorbeifahrenden Autos und hörte die Schritte von Fußgängern. Ab ein Uhr nachts torkelten die Gäste der anliegenden Wirtschaft, die sich auf den Weg nach Hause machten, lallend durch die Straße. Christine hatte ihre Tiefschlafphase erreicht, während Martin durch den Schlitz einen zotteligen Hund beobachtete, der am Bordstein schnüffelte. Er dachte an Sandra, die immer gegen einen Hund gewesen war. Die unruhigen Zeiten hatten die hässlichen Szenen ihrer Ehe in den Hintergrund rücken lassen. Er verspürte den Drang, sie zu warnen. Sollte diese ganze Sache gut ausgehen, würde er bis zum Ende seiner Tage als Verschwörungstheoretiker dastehen. Doch welche Rolle würde es spielen? Sollte die Menschheit diese schwere Epoche unbeschadet überstehen, würden sich Sandra und Martin scheiden lassen und sich wahrscheinlich nie wiedersehen. Luber hatte beschlossen, nach all dem seinen Job bei Culligs zu kündigen. Somit würde er Sandra und Norman aus dem Weg gehen können. Doch der eigentliche Grund, warum er den Job kündigen wollte, war die Erkenntnis, dass das Leben zu kurz war, um es mit Dingen zu vergeuden, die er hasste. Martin zog das Handy aus seiner Pyjamahose und tippte seiner Ex-Frau eine Nachricht.

Martin: Sandra, lies bitte meine Nachricht. Ich will nicht streiten, über nichts diskutieren. Ich bitte dich nur, dass du dich die nächsten Tage unterhalb der Erdoberfläche aufhältst. In einem Keller, im Untergeschoß eines Gebäudes oder in einer Tiefgarage. Ich kann es dir nicht erklären, aber bitte tue es einfach. Es ist wichtig.

Luber las noch mal seine Zeilen, die zweifelsohne wirr klangen.

»Scheiß drauf«, flüsterte er und schickte die Nachricht ab.

Es dauerte nicht lange, bis Sandra online war und die blauen Häkchen hinter der Nachricht erschienen.

Sandra: Hast du getrunken?
Martin: Nein, habe ich nicht. Wenn du noch einen Funken Vertrauen zu mir hast, tue es bitte. Melde dich krank. Besorge dir Lebensmittel, Wasser und bleibe die nächsten Tage unter der Erde. Die Dinge stehen anders, als du sie in der Presse lesen kannst.
Sandra: Soll das heißen, du bist gar nicht krank und hast einfach nur keine Lust zu arbeiten? Weil ich dort bin? Weil du Norman sehen musst? Martin, wie kindisch kann man sein? Es ist vorbei! Es funktioniert nicht mehr. Stelle dich wenigstens einmal in deinem Leben deinen Problemen, verdammt noch mal.

Das war Sandra Luber. Mit dem Eintreten der großen Dunkelheit hatte er ihr Gekeife und ihre zynische Art komplett vergessen, aber mit einem Mal war alles wieder so, wie es vor dem missglückten Versuch der Nofox gewesen war. Martin wurde wütend.

Martin: Willst du sterben, du dumme Nuss? TU ES EINFACH!
Sandra: Ich melde das Norman, du Versager. Immer noch den Kopf in den Sand stecken. Du bist erbärmlich.

Martin hatte es versucht. Er konnte sich nichts vorwerfen, doch es war sinnlos. Er blockierte den Kontakt zu seiner Ehefrau. Irgendetwas sagte ihm, dass es niemals zu einer offiziellen Scheidung kommen sollte und er keine Bedenken mehr vor einem Aufeinandertreffen bei Culligs haben müsse. Es sollte der letzte Kontakt mit Sandra gewesen sein.

Das Gezwitscher der Vögel und ein kläffender Hund weckten Martin und Christine. Wie in den Morgenstunden der Tage zuvor wirkte der erste Moment des Erwachens surreal. Sie brauchten Zeit, um zu verstehen, wo sie waren. Sie öffneten verschlafen die Augen und sahen die spärlichen Sonnenstrahlen, die durch das verbarrikadierte Kellerfenster auf die verschlossene Metalltür fielen. Christine rappelte sich auf, rieb sich die Augen und drückte den Schalter, der die Glühbirne an der niedrigen Decke zum Brennen brachte. Sie schloss leise die Tür auf und sah sich vorsichtig um. Niemand schien im Keller zu sein, sodass Christine in den Waschraum schlich und sich mit dem Schlauch, der neben den Waschmaschinen an einem Wasserhahn angeschlossen war, wusch. Das kalte Wasser ließ ihren Puls in Sekundenschnelle in die Höhe schießen und Christine genoss nach der Nacht im muffigen Kellerabteil das Gefühl der Frische. Hastig trocknete sie sich ab, ging zurück, öffnete die Tür und sah in Martins zorniges Gesicht.

»Was ist los?«

»Was los ist? Wir sollen den Keller nicht mehr verlassen, Christine. Hast du das Gespräch von gestern vergessen? Die Tür darf nicht mehr geöffnet werden.«

Christine zog ihre Augenbrauen fragend nach oben, beschloss aber, keinen Streit vom Zaun zu brechen. Die Situation, in der sie sich befanden, war schwierig genug, weshalb sie über seinen herrischen Ton hinwegsah. Natürlich wollte sie sich an Marks Bitte halten, allerdings erst ab morgen. Was sollte bis zum Ablauf des Ultimatums schon passieren? Die Vorstellung, sich die nächsten Tage weder die Zähne putzen zu können noch sich zu waschen, löste Ekel in ihr aus.

Martin diskutierte später am Morgen vollkommen übermüdet mit dem Stationsarzt des Krankenhauses von Sofia. Seine Bemühungen, Michael zumindest in den unteren Teil des

Krankenhauses verlegen zu lassen, schlugen fehl. Resigniert legte Martin auf und sah Christine traurig an. Michael war seinem Schicksal überlassen. Von München aus konnte er nichts mehr für seinen Freund tun.

»Er wird es schaffen, Martin. Mach dir keine Sorgen. Wir wissen ja nicht einmal, ob überhaupt etwas passieren wird.« Christine streichelte seine Wange.

In diesem Augenblick fühlte Martin etwas, das er zuvor noch nie für sie empfunden hatte. Es erregte ihn und Martin überfiel das starke Verlangen, Christine zu küssen. Langsam näherte er sich ihrem Gesicht, blickte auf ihre Lippen und, ohne weiter über seine Gefühle nachzudenken, berührten seine Lippen die ihren. Christine zuckte zusammen, doch im nächsten Moment erwiderte sie den Kuss. Die beiden lösten sich voneinander, sahen sich lange an. Überwältigt von ihren Gefühlen, bildeten sich Tränen in ihren Augen.

»Was passiert hier?«, flüsterte Christine, während sie mit der Hand durch Martins Haar fuhr.

»Ich denke, es ist um uns passiert«, antwortete er leise und küsste Christine.

Sie liebten sich und verbrachten die Zeit bis in die Mittagsstunden auf den Luftmatratzen.

Immer wieder musste Martin über die Situation, in der sie sich befanden, lachen. In den schwierigen Stunden, bevor das Ultimatum auslaufen und die Konföderation einen zweiten

Versuch der Verhandlungen starten sollte, fanden zwei Menschen im Kellerabteil mitten in München ihre Liebe.

Als sie gegen Mittag Hunger bekamen, öffnete Martin pfeifend zwei Dosen Ravioli. Christine schaltete den kleinen Fernseher an. Während über ihnen das Leben pulsierte und der Alltag seinen Lauf nahm, konnten sich die beiden ehemaligen Angestellten der Firma Culligs immer besser mit der Situation in ihrem Kellerabteil abfinden. Die neue Zuneigung und der gute Sex beflügelten sie und sie verdrängten die Gefahr, die sie seit Monaten bedrohte.

An diesen Vormittag hätte die Hölle losbrechen können, Martin und Christine hatten sich gefunden.

4. Juni, 05:45 Uhr

Die Sonne blinzelt schon zwischen den Bäumen vor meinem Haus hindurch. Ich konnte dir gestern nicht mehr schreiben, mein stiller Freund. Ich war zu erschöpft. Bis zwei Uhr in der Nacht habe ich meinen Keller vorbereitet und eingeräumt. Warum? Das weiß ich nicht. Ich kann es beim besten Willen nicht in Worte fassen. Es ist ein Gefühl, etwas, das mich antreibt. Leonardo ist ein guter Mensch. Das ist nichts Neues. Dennoch verwundert es mich immer wieder, wie er mir ohne Murren hilft, obwohl er bestimmt denkt, dass ich den Verstand verloren habe. Er liegt noch auf seiner Matratze im Heizungsraum und schläft wie ein Baby. Nur dass Babys nicht so schnarchen. Ich weiß nicht, ob diese Vorkehrungen wirklich nötig sind. Es ist gut möglich, dass wir die ganzen Lebensmittel in zwei Wochen wieder nach oben schleppen werden. Sicher werde ich mir dann von Leonardo ein Trommelfeuer an blöden Sprüchen anhören müssen. Ich würde es mir so wünschen. Ich wünsche mir, eines Tages diese Sprüche zu hören. Ich möchte nicht recht behalten. Heute werden wir Verlängerungskabel und Lampen nach unten schaffen. Ich habe Leonardo versprochen, ihm heute Mittag sein Lieblingsgericht zuzubereiten: Lasagne mit Kapern und Bohnen. Eine Sünde, die Lasagne mit Kapern zu verschandeln, aber er liebt es nun einmal. Gestern Nachmittag haben wir in unserer Pause einen kleinen

Spaziergang zum Ufer gemacht. Das Militär ist nach wie vor präsent. Der provisorische Sichtschutz wurde entfernt und durch starre, undurchsichtige Bauzäune ersetzt. Es besteht kein Zweifel daran, dass sich die Regierung auf etwas Langfristiges eingerichtet hat. Es bestärkt mein Gefühl, mit dem Ausbau des Untergeschosses fortzufahren. Seit den guten Neuigkeiten von US-Präsident Midler ist es wieder still geworden in den Medien. Ich mag Midler und seine Art und Weise, wie er die USA und nun auch die Konföderation führt, aber ich traue dem Frieden nicht. Ich habe das Gefühl, dass die Regierung uns etwas verheimlicht. Warum lese ich nichts in unserer örtlichen Zeitung von dem Militär in Cefalú? Warum verliert unser regionaler Fernsehsender Palermo oggi nicht ein Wort, nicht eine Silbe über die Vorkommnisse in unserem Ort? Matteo hat mir gestern geschrieben, dass große Teile des Strandabschnittes in Palermo zur militärischen Sperrzone erklärt worden seien. Nichts von all dem steht in der Presse. Ich werde jetzt einen Kaffee aufsetzen und Leonardo noch ein wenig schlafen lassen. Heute wird wieder ein anstrengender Tag für ihn werden.
Bis heute Abend, mein stiller Freund.

Um 15:53 Uhr bolivianischer Ortszeit stand der übliche Wachwechsel, achtzig Kilometer entfernt vom Schauplatz des Erstkontaktes, bevor. Die Formation der Wesen, die sich über eine Länge von fünfzig Kilometern erstreckte, sorgte dafür, dass die Konföderation an den westlichen und östlichen Seiten Scharfschützen positioniert hatte. Abertausende Soldaten in den Grenzgebieten zu den benachbarten Ländern Paraguay, Chile und Uruguay hielten die Stellung, doch von den Geschöpfen ging keine Aktivität aus. Seit dem Erstkontakt mit Offizier Perez verharrten die Kreaturen im Handstand, ohne zu trinken oder zu essen. Hunderttausende Köpfe waren im gleichen Winkel nach links geneigt und wie von Medusas Blick getroffen versteinert und stumm. Die geisterhafte Kulisse und die absolute Stille ließen keine Zweifel übrig: Sie hatten jeden Menschen auf ihrem Weg zur Grenze ausgelöscht.

Der Wachwechsel verlief nach Vorschrift. Es hatte keine besonderen Vorkommnisse gegeben, sodass Rick und Santiago ihren Dienst antreten konnten und mit Feldstechern die seitlichen Reihen der versteinerten Armee betrachteten.

»Wie kann man nur tagelang so verharren? Wovon ernähren die sich denn?«, fragte Rick.

»Mann, Mann, Mann. Ich hoffe, dass alles geht gut. Ich habe echt keine Lust auf ein Blutbad«, erwiderte sein langjähriger Freund und Kamerad.

»Stellt sich nur die Frage, auf welcher Seite mehr Blut fließen würde.«

Ricks Schwenk über die Reihen stoppte. Er vergrößerte sein Sichtfeld und sah eine kleine Katze zwischen den Reihen der Kreaturen umherschlendern.

»Ich sag dir eins, Ricky. Wenn das hier losgeht, werde ich nicht kampflos vor die Hunde gehen. Ich werde so viele Biester wie möglich mit ins Grab nehmen.«

Der neunundzwanzigjährige Santiago hob seine Waffe und zielte auf die Reihen, während er den Rückschlag seiner Waffe simulierte.

»Pow, pow … Einen nach dem anderen werde ich umnieten. Das ist verdammt noch mal unsere Welt. Die haben hier nichts zu suchen.«

Rick sah zu Santiago. »Nimm dein Gewehr runter, du Idiot. Was soll denn der Schwachsinn? Wir haben Befehl, die Waffen gesenkt zu halten und abzuwarten«, zischte er.

»Stell dich nicht so an, du Weichei. Mein Baby ist gesichert. Ich werde ja noch Trockenübungen machen dürfen, du Memme.« Santiago lachte los und fuhr mit seiner Simulation auf der kleinen Anhöhe fort.

»Du senkst jetzt sofort dein Gewehr, du Volltrottel. Das ist kein Spiel, hörst du?« Ricks Ton wurde schärfer, er griff nach dem Lauf der Waffe.

»Beruhige dich, Mann. Sie ist gesichert! Sieh doch!«

Santiago konnte es nicht abhaben, wenn jemand sein Baby berührte. Er sah Rick herausfordernd an und drückte grinsend den Abzug. Das Unfassbare geschah: Santiago hatte die Verriegelung seines Scharfschützengewehrs vorgenommen, allerdings nur halbherzig nach hinten geschoben. Der Sicherungsstift seiner Waffe schnellte in die falsche Richtung und ein lauter Schuss durchbrach die Grabesstille. Die Kugel schnellte aus dem Lauf der Waffe, flog durch die Reihen des Heeres und traf eine der Kreaturen am Kopf. Rick und Santiago hörten aus der Ferne ein leises Seufzen. Es wurde wieder still. Die beiden Soldaten sahen sich mit offenen Mündern und weit aufgerissenen Augen an.

»Was hast du getan?«, stotterte Rick langsam, während er wie paralysiert seinen Freund ansah.

»Ich … ich wollte das nicht. Es war gesichert, Rick! Ich schwöre, es war gesichert«, schrie Santiago los. Ein Zittern ergriff seinen ganzen Körper, er fühlte geistesabwesend, wie Urin an seinem Bein hinablief.

Die Kugel hatte den Kopf des Wesens durchdrungen und war auf der anderen Seite wieder ausgetreten, um sich in die Schulter des linken Gefährten zu bohren. Das tödlich getroffene Geschöpf drehte den Kopf zu seinem Kameraden. Blut tropfte von seinem Ohrläppchen. In den letzten Sekunden seines Lebens betrachtete es die Schussverletzung seines Nachbarn. Die Kreatur atmete laut seufzend ein und sackte tot zur Seite. Die Wesen neben der Leiche zeigten keine Reaktion und verharrten in ihrer Position.

Hastig zog Rick sein Funkgerät aus seiner Brusttasche. Es fiel auf die Erde. Schnell hob er es auf und sah seinen wimmernden Freund an. Santiagos Hosenbein war durchnässt, er hielt sich zitternd die Hand vor den Mund.

»Ich wollte das nicht. Es war gesichert, Rick. Die verfickte Waffe war gesichert, Rick. Ich wollte das alles nicht. Oh mein Gott. Oh mein Gott.«

»Halt die Klappe und setz dich da hin«, befahl Rick. Er hatte sich etwas gefangen und deutete auf den Boden.

»Ich habe einen von ihnen erwischt, nicht wahr? Ich habe einen getroffen, oder?« Santiago heulte laut los und deutete mit der Hand auf die Armee.

»SETZ DICH. JETZT!«, schrie Rick Santiago an.

Santiago ließ die Waffe fallen und warf sich auf den Bauch. Er hielt seinen Helm verkrampft mit beiden Händen fest und schluchzte laut vor sich hin. Rick schob mit dem Fuß Santiagos Waffe ein Stück weit von ihm weg und drückte auf das Funkgerät.

»Leutnant, hier Bravo41. Zwischenfall auf Posten Alpha 400, Tango 12.«

»Bravo41, was ist los?«

Rick sah kurz in den Himmel, schloss die Augen und schüttelte verzweifelt den Kopf. Sein Daumen drückte wieder aufs Funkgerät.

»Bravo40 hat versehentlich gefeuert.«

All die militärischen Codewörter, Abkürzungen und Regeln bei dem Manöver waren plötzlich vergessen. Rick konnte sich an kein Protokoll, keine vorgeschriebene Verhaltensweise für den Ernstfall erinnern, es spielte keine Rolle mehr. Rick sah vor seinem geistigen Auge Bilder seiner Kindheit aufblitzen.

»Er hat was?!«

»Santiago hat rumgealbert und ein Schuss hat sich gelöst, Sir.« Ricks Stimme wurde dünn, er hatte das Gefühl, nicht mehr atmen zu können. Er sah auf Santiago, der immer noch auf dem Bauch lag und heulte wie ein Schlosshund.

»Haben die Geschöpfe den Schuss gehört?«, fragte der Leutnant.

»Sir, er hat eines von ihnen getroffen. Es ist tot.«

Rick senkte den Arm. Das Funkgerät verschwand aus seinem Sichtfeld. Er setzte sich auf einen großen Stein und nahm seinen Helm ab.

»Was hast du bloß angerichtet, Santiago?«, flüsterte er, während er die Stimme des Leutnants hörte.

Rick konnte nicht verstehen, was sein Vorgesetzter sagte. Er sah geistesabwesend zum Funkgerät auf dem Boden und vernahm andere Stimmen, die sich in das Gespräch einmischten. Hektische Stimmen stellten Fragen, redeten durcheinander, bis der Funkverkehr schließlich verstummte. Das Bild vor seinen Augen verschwamm. Nur schemenhaft nahm der Soldat seine Umgebung wahr, bis er schließlich bewusstlos zusammenbrach. Ricks Unterbewusstsein hatte die Notbremse gezogen. Der junge Soldat war dem Stress nicht gewachsen, sein Gehirn schaltete ihn ab.

Das Erste, was Rick sah, als er nach neun Minuten zu sich kam, waren die Stiefel der Soldaten. Eine Menge Stiefel, die um ihn herumstanden. Er war hart auf dem steinigen Untergrund aufgeschlagen. Seine Nase tat weh. Er wischte sich das Blut mit dem Handrücken vom Gesicht und rappelte sich langsam auf. So viele Kameraden hatte er noch nie auf dem entlegenen Posten gesehen. Dreißig Soldaten, der Leutnant und zwei Offiziere standen auf der Anhöhe, niemand beachtete ihn. Er sah, wie die hochrangigen Militärs geschäftig in ihre Notebooks tippten oder sich dem regen Funkverkehr widmeten. Die Soldaten seines Ranges blickten konzentriert durch ihre Feldstecher und beobachteten die regungslosen Kreaturen. Seine Augen suchten nach Santiago, wanderten zu der Stelle, an der er gelegen hatte. Er war verschwunden. Weder befand er sich bei den Kameraden noch abseits der Anhöhe. Rick klopfte sich den Staub von der Uniform und ging zu seinem zuständigen Leutnant.

»Sir, wo ist Bravo40?«

»Abgeführt, Bravo41. Wir werden Sie später vernehmen. Gehen Sie zurück auf Ihren Posten«, antwortete der Leutnant und hörte im nächsten Moment wieder dem Funkverkehr zu.

Rick gehorchte und stellte sich auf seine Position. Die anderen Soldaten sahen Rick mit strafenden Blicken an und widmeten sich wieder ihrer Aufgabe, das Gebiet zu observieren. Mit einem Mal empfand er Schuld. Es fühlte sich an, als hätte er den Schuss abgefeuert. Als wäre er es gewesen, der mit der scharfen Waffe herumgefuchtelt hätte. Wut und Hass kamen in ihm auf. Hätte er Santiago daran hindern können? Rick konnte das Geschehene nicht rückgängig machen. Die Situation hätte sich noch viele Male wiederholen können, er hätte Santiago niemals mit Gewalt zu Boden gestreckt oder ihm die Waffe entrissen. Ihn traf keine Schuld. Das wusste er. Doch die Logik half ihm nicht. Er war dabei gewesen, er hatte gesehen, wie sein Kamerad abgefeuert hatte. Und nur durch Santiago befand sich das Militär in einer neuen, unberechenbaren Situation.

Admiral Wilkens hatte vom Zwischenfall an der Grenze zu Bolivien erfahren. Der Sechzigjährige konnte nicht fassen, was ihm berichtet wurde, und hätte am liebsten die Einrichtung des Meetingraumes kurz und klein geschlagen.

Midler ahnte nichts Gutes, als er in das blutleere Gesicht seines Admirals blickte. Wie versteinert saß er auf seinem Stuhl, blickte an die Wand vor sich und ließ langsam den Hörer sinken. Schließlich fand seine Hand zur Gabel des Telefons und legte langsam auf. Wilkens drehte sich zu Midler, seine Lippen formten den Ansatz einer Silbe, doch kein Wort verließ seinen Mund.

»Wilkens, was ist los?«

»Es wurde geschossen. Es hat sich ein Schuss gelöst. Posten Alpha 400, Tango 12. Ein Toter, ein Verletzter auf gegnerischer Seite«, stammelte der Admiral und schüttete sich zitternd ein Glas Wasser ein.

»Nein. Nein … nein. Oh Gott.« Midler vergrub sein Gesicht in den Händen.

»Sie haben nicht reagiert. Sie stehen immer noch da und reagieren einfach nicht. Sie sehen nicht einmal zu unseren Soldaten hinüber. Als wäre nichts passiert«, fügte der Oberbefehlshaber hinzu, doch das machte die Situation nicht besser.

»Sofort Kontakt aufnehmen. Perez soll sofort zu dem Mann in vorderster Front Kontakt aufnehmen und das erklären. Wir müssen das sofort aus der Welt schaffen, Wilkens.«

Der Admiral nickte, griff zum Telefon und ließ sich zu Offizier Perez durchstellen. Der Befehl war klar und deutlich. Wilkens legte auf, ohne sich zu verabschieden, und sah Midler ratlos an.

»Jetzt können wir nur beten«, sagte der Präsident leise und ließ sich auf seinen Stuhl fallen.

Die Konföderation hatte etliche Szenarien ausgearbeitet, sich auf alle Eventualitäten vorbereitet. Jedoch nicht auf einen Soldaten, der aus Versehen eines der Wesen tötete.

Perez drückte seinem Unteroffizier das Satellitentelefon wortlos in die Hand. Der Anruf hatte ihn aus dem Schlaf gerissen. Vor eineinhalb Stunden hatte er sich völlig erschöpft auf sein Feldbett fallen lassen. Die Tage im Grenzgebiet erlaubten dem Befehlshaber vor Ort kaum Schlaf. Ihm war von Anfang an bewusst gewesen, bei der Kommunikation mit der Spezies eine Schlüsselfigur zu sein. Die Trainings, die psychologischen Tests zur Auswahl einer geeigneten Person und letztendlich das Gespräch mit Admiral Wilkens, der ihm verkündet hatte, dass er die Mission leiten sollte. Die Ernennung zum Befehlshaber für die wichtigste Operation der Menschheitsgeschichte machte ihn stolz. Doch in diesem Moment, in dem ihm die schwierigste Aufgabe bevorstand, bekam Offizier Perez zum ersten Mal in seiner militärischen Karriere Todesangst. Er konnte sich nicht erinnern, jemals so viel Angst gefühlt zu haben.

»Die Geister, die ich rief«, flüsterte er zynisch, während er seine Uniform zuknöpfte.

Der Unteroffizier, der sich noch im Zelt befand, drehte sich zu ihm um. »Offizier Perez? Haben Sie etwas gesagt?«

»Nein. Alles in Ordnung. Geben Sie einen Funkspruch an alle Soldaten heraus, dass ich erneut aufs Feld gehe. Wir müssen diesen Zwischenfall aus der Welt schaffen. Keine Erlaubnis zum Entsichern der Waffen. Gewehr bei Fuß.«

Während der Befehl gesendet wurde, setzte Perez feierlich seine Mütze auf, richtete seine Uniform und ging hinab zur Grenze, vorbei an den Reihen der Soldaten, die ihm zunickten. Der Offizier spürte, dass dies sein letzter Gang sein könnte. Er dachte an seine Frau, seine Eltern und daran, was ihn die Erfahrungen gelehrt hatten. Perez hätte sich umdrehen können, er hätte um sein Leben laufen oder den Befehl verweigern können. Doch es ergab keinen Sinn, in einer Straße, die im Kreis führte, loszulaufen. Es gab kein Versteck, keine Zuflucht. Als sich der Soldat mit der Situation abgefunden hatte, erkannte er, dass ihn seine Schritte bereits hinter den Sandwall geführt hatten. Er blieb stehen und betrachtete das Wesen an der Spitze der Armee. Perez nahm seine Mütze ab, wischte sich den Schweiß von der Stirn und warf die Kopfbedeckung vor sich in den Sand. Langsam setzte er sich in den Schneidersitz auf den Boden und wartete auf eine Reaktion von der Kreatur vor ihm.

Nach einer Dreiviertelstunde bewegte sich der geneigte Kopf des Wesens wieder in eine gerade Position. Es sprang auf die Füße und sah dem Soldaten direkt in die Augen. Es näherte sich dem Offizier auf einen halben Meter. Schließlich blieb es stehen. Perez stand auf, blickte der Kreatur in die Augen und senkte demütig den Kopf.

»Es … es ist etwas Schreckliches vorgefallen. Ich denke, Sie wurden bereits davon unterrichtet, Sir«, sagte Perez leise und wagte es nicht, seinen Kopf zu heben.

Er konnte nichts hören. Keines dieser seltsamen Geräusche, die das Wesen ab und an von sich gab. Kein Klacken, kein Gurgeln. Schließlich hob er den Kopf. Ausdruckslos sah das Geschöpf ihn an.

»Wir sind ein Kollektiv. Niemand muss mir berichten. Wir fühlen gesamtheitlich.«

Perez versuchte, die Worte zu begreifen, und nickte schließlich.

»Ein Soldat hat einen schlimmen Fehl…«

Die Kreatur fasste in ihre Hosentasche und holte ein zusammengeknülltes schwarzes Papier hervor. Zumindest dachte Perez das. Sie hielt es an einer Ecke fest und das Papier entfaltete sich, bis Perez erkannte, dass es sich um ein Display handelte. Das Wesen fuhr mit einem Finger über die schwarze Fläche, bis ein Foto von Michael Miller erschien.

Perez erkannte im Hintergrund leere Straßen, silberne Kugeln und einen erschöpften Michael Miller, der sich seinen Weg zu einem Hauseingang bahnte, während er ängstlich nach rechts sah.

»Woher haben Sie ein Foto von ihm?«, fragte Perez erstaunt.

Die Frage war überflüssig und wieder bereute Perez sein schnelles Mundwerk. Es war ein Foto aus der Welt der

Kreaturen. Der Winkel zeigte, dass es eine der silbernen Kugeln geschossen haben musste.

»Wo ist er?« Ohne auf die Frage von Perez einzugehen, hielt das Geschöpf das Display hoch.

Du musst ihnen sagen, dass sie ihn nicht herschaffen können. Konzentriere dich auf deine Aufgabe. Der Zwischenfall muss erklärt werden. Halte dich an deinen Befehl, dachte Perez.

»Im Namen der Konföderation und der Einwohner dieses Planeten möchte ich mich für den Zwischenfall von ganzem Herzen entschuldigen. Es war nicht unsere Absicht, jemanden zu verletzen oder zu tö…«

»Wo ist er?« Die Kreatur tat einen Schritt nach vorn und hielt dem Offizier das Bild direkt unter die Nase.

Ich habe noch nie so kräftige und wundervolle Farben auf einem Display gesehen. Ich möchte in das Foto hineinspringen, eintauchen. Es ist unglaublich schön, dachte der Offizier. Er war von dieser Farbenpracht fasziniert und vergaß für eine Sekunde die Situation, in der er sich befand.

»Wir haben momentan Schwierigkeiten, Michael Miller hierherzuschaffen. Die Konföderation arbeitet an einer Lösung. Momentan können wir aufgrund der veränderten Atmosphäre nicht fliegen und …«

»Er ist nicht da«, stellte das Wesen fest und ließ das Display in seiner Faust verschwinden.

Perez senkte den Blick und schüttelte den Kopf. Das Geschöpf sah Offizier Perez bemitleidend an. Es war das erste Mal, dass die Kreatur eine Emotion so deutlich mit ihrer Mimik ausdrückte.

»Glauben Sie mir, Sir, wir sind daran interessiert, diese Konfrontation so schnell wie möglich zu lösen.«

»Er wird nicht kommen, bis die Sonne das zweite Mal den Ort erhellt.«

Perez schüttelte den Kopf. »Nein, Sir.«

Ohne zu wissen, was er mit diesen zwei banalen Wörtern angerichtet hatte, fühlte er, dass etwas vor sich ging. Eine Entscheidung war gefallen, ein Weg geebnet in eine Richtung, die sich Perez in seinen schlimmsten Albträumen nicht hätte vorstellen können. Die Kreatur nickte langsam und ging zu der Stelle, an der sie zuvor ausgeharrt hatte. Sie drehte sich noch einmal zum Offizier um, neigte den Kopf wieder zur Seite und setzte sich auf den Boden.

»Jedes Geschöpf unterliegt den Grenzen und Regeln der Natur. Jedes Geschöpf muss sich für sein Handeln verantworten. Nicht vor euren vielen Gottheiten und nicht vor den Richtenden eurer Rasse. Ihr seid eingedrungen, ihr habt getötet. Ihr habt euer Wort gebrochen und erneut getötet.«

Die Kreatur wandte ihren Blick von Offizier Perez ab und blickte nach links oben, so wie es die Hunderttausenden hinter ihr taten. Sie schwieg und schien in ihrer Position eingefroren zu sein. Perez sah das Wesen irritiert an.

»Was passiert jetzt?«, flüsterte er, doch die Kreatur an der Speerspitze der Formation schwieg. Langsam hob Perez seine Mütze auf und ging rückwärts zurück zu dem Sandwall.

Als Martin und Christine Arm in Arm auf der roten Luftmatratze saßen und die Abendnachrichten verfolgten, klingelte das Telefon.

Die Sender folgten dem normalen Programmplan. Die kleine Antenne des Fernsehers musste jeden Tag neu ausgerichtet werden, um den Schnee und das Rauschen verschwinden zu lassen. Den ganzen Tag schon schien das Thema aus der Presse verbannt zu sein und eine Sendung folgte der anderen. Gegen Mittag hatte der Sender ein Breaking-News-Banner eingeblendet, doch wie sich herausstellte, war eine bekannte Hollywoodgröße an den Folgen des Heroinkonsums verstorben. Die Konföderation hüllte sich in Schweigen und die Presse wartete wieder einmal auf Informationen aus dem Weißen Haus. Die Meldung, dass der Erstkontakt erfolgreich gewesen sei und man sich in Verhandlungen befinde, zeigte Wirkung. Die Welt blieb auch einen Tag nach dem Statement ruhig. Solange dieser Zustand währte, sah Midler keinen Grund, weitere beschwichtigende Worte an die Bevölkerung zu richten.

Martin griff nach seinem Handy und nahm ab. Wie versprochen meldete sich Mark aus dem unterirdischen Bunker, doch schnell stellte sich heraus, dass der vereinbarte Kontrollanruf nicht der einzige Grund seines Anrufes war.

Crowley war nach einer dreistündigen Telefonkonferenz in das kleine Zimmer des Wissenschaftlers gestürmt. Allison hatte den sonst so gelassenen Geheimdienstangestellten noch nie so aufgebracht, nervös und ängstlich gesehen. Er erzählte Allison von den neuesten Entwicklungen und davon, dass die Kreaturen die Verhandlungen abgebrochen haben.

»Das ist ein schlechter Witz. Mark, bitte sage mir, dass du mich gerade auf den Arm nimmst.«

Mark schwieg und Martin begriff, dass es dem New Yorker todernst war.

»Was passiert dort gerade? Hat dir Crowley irgendetwas erzählen können?«, fuhr Martin schließlich fort.

»Es kommen minütlich neue Satellitenaufnahmen an. Crowley hat erfahren, dass sich die Geschöpfe nicht bewegen. Sie verharren in ihrer Position, genauso wie vor dem Zwischenfall.«

»Was geht dort vor sich?«

»Es wird bald losgehen, Martin. Ich weiß nicht, was diese Wesen vorhaben, aber ich bin mir sicher, dass die Verhandlungen gescheitert sind. Bleibt, wo ihr seid. Wir hören uns wieder.« Mark beendete das Gespräch.

Martin bemerkte, dass Christine zitterte, und legte seinen Arm um sie.

»Die Konföderation lässt die Menschheit einfach ins offene Messer laufen. Wenn das alles eskaliert, werden noch mehr Menschen sterben, während die Politiker ruhig in ihren Schutzräumen warten, bis das Massaker vorbei ist.«

Christine hatte recht. Martin wusste, dass der Showdown, wie auch immer er aussehen würde, kurz bevorstand.

»Wir bleiben hier und warten ab. Etwas anderes können wir im Moment nicht machen«, erwiderte er, während er in den Fernseher blickte und die Wettervorhersage für den nächsten Tag sah.

Christine schnaubte, schnellte nach oben und schaltete den Fernseher aus.

»Nein. Wir werden nicht zusehen, wie alles vor die Hunde geht. Wir werden die Menschen warnen. So einfach ist das. Mit allen erdenklichen Mitteln. Sollten wir diesen Albtraum überleben, würde ich nie wieder in den Spiegel sehen können, wissend, dass ich etwas hätte tun können. Und wenn ich nur ein einziges Menschenleben damit rette. Aber ich werde mich nicht wie diese rückratlosen Politiker verhalten.« Die letzten Worte hatte Christine geschrien.

Martin beobachtete stumm, wie Christine ihren Laptop aufklappte und sich in das WLAN der Familie Groß im Erdgeschoss hackte. Für die Informatikerin war es ein Leichtes, das Passwort herauszufinden, sodass sie wenige Minuten später im Internet war und ihr Facebook-Profil öffnete.

»Was hast du vor?«, fragte ihr Freund.

»Ich werde den Menschen sagen, was wirklich vor sich geht. Was sie daraus machen, liegt nicht in meiner Hand. Aber zumindest versuche ich es.« Christine öffnete einen neuen Post und begann zu tippen.

Ihre Finger rasten über die schmale Tastatur. Christine hatte in der echten Welt kaum Freunde, was nicht daran lag, dass sie keinen Anschluss finden würde. Vielmehr empfand die Informatikerin die Aufgabe, Freundschaften zu pflegen, als mühselig. Anders sah es in der virtuellen Welt aus, in der sie ihre Bekanntschaften per Mausklick ausschalten konnte, wenn sie keine Lust mehr auf Smalltalk hatte. Niemand war beleidigt, wenn sie es an einem Samstagabend bevorzugte, ihre Couch nur mit ihren geliebten Riegeln zu teilen und sich einem Serienmarathon auf einem der unzähligen Streamingdienste zu widmen. Für Christine war dieses Leben okay, ihre Freunde waren mit dem Hochfahren des Laptops wieder da und irgendjemand war immer online, wenn sie das Bedürfnis hatte, sich zu unterhalten.

»Du hast über 246.670 Freunde?« Martin betrachtete ungläubig die Zahl unter ihrem Profilbild.

»Du erinnerst dich an den Beschuss mit der Leuchtpistole?« Christine lachte laut auf und fuhr mit dem Tippen fort. »Das sind auch größtenteils keine Freunde, das sind User, Bekanntschaften, Fans und virtuelle Leichen. Heutzutage wird man sozial immer verkrüppelter. Was solls? Vielleicht ist das hier und jetzt Schicksal. So, mein Text ist online.« Christine drehte den Laptop zu Martin.

++Teilen++Teilen++Teilen
Liebes Netz,
in diesen verrückten Zeiten wende ich mich mit Informationen an euch, die ich aus sicherer Quelle bekommen habe. Die Konföderation erzählt Lügen. Die Dinge stehen anders, als ihr es der Presse entnehmen könnt. Die Gespräche sind NICHT gut verlaufen. Es gibt KEINE Verhandlungen mehr. In der offiziellen Stellungnahme unserer großartigen Konföderation heißt es, dass es zu hohen Verlusten in Argentinien gekommen sei und es temporär zu einem Kriegsgebiet erklärt worden sei. Das ist falsch. Argentinien wurde ausgelöscht. Warum davon nichts in der Presse steht? Weil die Presse in den Grenzgebieten nicht präsent sein darf. Kennt ihr die genaue Anzahl der Todesopfer des Irakkriegs? Des Syrienkriegs? Wart ihr vor Ort und habt es mit eigenen Augen gesehen? Ich weiß, dass viele von euch denken: Jetzt spinnt die Alte. Man glaubt, was man liest, richtig? Das war schon immer so und die Menschen glauben, was die Medien ihnen unter die Nase halten.
Es gab einen Zwischenfall an der Grenze. Sie haben eines dieser Monster erschossen. Die Verhandlungen wurden abgebrochen und ich WEIẞ, dass es bald losgehen wird. Das Netz ist voll von Weltuntergangstheorien,

Hobbypropheten und Profilneurotikern. Ich bitte euch nur
um zwei Dinge:
Geht in eure Keller, in Tiefgaragen oder Untergeschosse.
Hauptsache, ihr seid unterhalb der Erdoberfläche. Versteckt
euch. Warum auch immer, aber sie konzentrieren sich auf
die Oberfläche und nicht auf das, was darunter liegt.
Michael war damals in einem Keller, in dieser anderen
Welt. Vielleicht geht es ihnen nur darum, großflächig
vorzugehen. Ich weiß es nicht. Es ist unsere einzige
Chance. Bitte vertraut mir. Was habt ihr zu verlieren?
Teilt mein Posting und selbst, wenn ihr einen ironischen
Kommentar darunterschreibt oder mich verhöhnt.
Hauptsache, ihr teilt es. Ich hoffe, bis bald.
Eure Christine

Martin las sich den Text sorgfältig durch. Natürlich hatte Christine ihre verzweifelten Worte so gut sie nur konnte formuliert. Er versuchte, die Sätze unvoreingenommen und ohne das Wissen, das er hatte, zu bewerten. Es tat ihm leid und er behielt es für sich, aber es wirkte wie ein weiterer Text einer durchgeknallten Spinnerin, die ihren Senf zur aktuellen Lage gab.

»Ich hoffe, der eine oder andere nimmt sich das zu Herzen.« Diese Worte meinte Martin so, wie er sie sagte.

Christine kopierte ihre Zeilen und veröffentlichte sie auf allen sozialen Plattformen, auf denen sie angemeldet war. Schließlich fuhr sie ihr Notebook herunter.

»Ich habe getan, was ich tun konnte. Das zählt.« Christine schaltete den Fernseher ein.

Für das Posting erntete Christine Hohn und Spott. Wie sie es sich gewünscht hatte, wurde der Text geteilt und verbreitet, doch mit zunehmender Reichweite wuchs die Kommentarliste derer, die Christine in die Schublade der Schwarzseher und Angstmacher steckten.

Maria führte mit Leonardo eine lange Diskussion. Leonardos Chef hatte ihn angerufen und erzählt, dass am nächsten Tag wieder die erste Lieferung seit der großen Dunkelheit ankommen würde und sie die Arbeit wieder aufnehmen könnten. Er hatte sich gefreut, bald wieder in Lohn und Brot zu stehen. Seine Ersparnisse waren drastisch zu Neige gegangen, seit die Dunkelheit über den Planeten gekommen war. Die Normalität sollte auch in seine kleine Welt zurückkehren, doch Maria bat ihn, seiner Arbeit nicht nachzugehen. Leonardo hatte sie stirnrunzelnd angesehen. Es war das eine gewesen, ihre Weltuntergangsstimmung zu akzeptieren und ihr bei den Vorbereitungen für ihr persönliches Armageddon beiseitezustehen, doch den Job abzulehnen, war etwas anderes.

»Du willst, dass ich meinen Job kündige, damit ich weiterhin deinen Keller ausbaue, weil SIE kommen? Wovon soll ich leben? Bezahlst du mich?« Leonardo lachte laut. Es war nicht seine Absicht gewesen, sie auszulachen, doch langsam verlor Maria jeglichen Bezug zur Realität.

»Du sollst deinen Job nicht kündigen. Ich bitte dich lediglich darum, noch ein paar Tage hierzubleiben. Vertrau mir, mein Gefühl …«

»Maria.« Die Sanftheit war aus Leonardos Stimme gewichen. Er setzte sich mit ernstem Blick zu ihr an den Küchentisch. »Es gibt Grenzen, Maria. Wir haben deinen halben Hausstand in den Keller geschleppt. Ich habe dir in jedem Raum provisorische Stromleitungen gelegt, kistenweise Lebensmittel nach unten getragen und dir beim Vernageln deiner Fenster geholfen. Ich werde dieses Jahr einundfünfzig Jahre alt und, wie du weißt, gehört Cefalú nicht gerade zu den Orten auf der Welt, in denen man sich zwischen fünf Jobs entscheiden kann.« Leonardo trommelte nervös mit den Fingern auf dem Holztisch.

»Sieh dir bitte an, was ich vor einer Stunde im Internet gefunden habe.« Sie nahm Leonardo bei der Hand und betrat mit ihm das kleine Arbeitszimmer im Erdgeschoss. Er setzte sich an den Schreibtisch und sah auf den Monitor.

»Was soll das sein?«

»Das ist ein Posting von dieser Frau aus Deutschland, die damals den Sog beschossen hat. Mein Neffe Adrian hat das vorhin auf seinem Profil geteilt. Sieh es dir wenigstens an.«

Der Sizilianer las den Text von Christine durch, öffnete die Kommentare und las weiter.

»Hast du auch gesehen, was die Menschen von diesem wirren Text halten? Hast du das auch gelesen?« Leonardo drehte sich zu Maria und deutete auf den Monitor.

Maria sah ihren Nachbarn traurig an. Vielleicht war es dem Umstand geschuldet, dass die Mutter seit Tagen schlecht schlief und auch ihre Nerven blank langen, doch sie vergrub ihr Gesicht in den Händen und begann zu weinen. Leonardo konnte sich nicht erinnern, Maria jemals weinen gesehen zu haben. Es brach ihm das Herz. Er stand auf, schob den Stuhl unter den Schreibtisch und ging im Arbeitszimmer auf und ab.

»Ich melde mich morgen krank. Aber nur diesen einen Tag. Ich geh jetzt in den Heizungsraum, in mein neues Schlafzimmer, und mache mich bettfertig. Gute Nacht«, brummte der Fünfzigjährige und verließ den Raum.

Die achtunddreißigjährige Frau weinte weiter, doch für den restlichen Abend weinte sie vor Erleichterung.

Perez befand sich nun schon seit über einer Stunde in der Telefonkonferenz mit dem Weißen Haus. Die Kameras hatten bei der letzten Begegnung das Bild übertragen. Admiral Wilkens und sein militärischer Führungsstab sahen sich das Video des letzten Kontakts immer und immer wieder an. Die hinzugezogenen Psychologen und Linguisten versuchten, die Wörter und die karge Mimik der Kreaturen zu deuten, sie einzuschätzen und ihr Urteil abzugeben. Doch sooft sie sich das

Video auch ansahen, sie kamen zu keiner einstimmigen Empfehlung, wie Perez am besten mit dem Geschöpf an vorderster Front umgehen sollte. Präsident Midler wusste, dass die Zeit knapp war. Das erste Ultimatum war noch nicht verstrichen und obwohl das Wesen nicht explizit gesagt hatte, dass sie zu keinem Gespräch mehr bereit wären, deuteten alle Anwesenden seine Worte und Gestik als eindeutig.

»Wir sollten die Truppen in Gefechtsbereitschaft versetzen, Präsident Midler.« Wilkens sprach aus, was sich viele im Meetingraum bereits dachten. Es gab keine andere Option mehr. Die Diplomatie hatte versagt und die Konföderation musste sich auf das Schlimmste einstellen.

Midler stoppte die Aufzeichnung, die zum zehnten Mal auf dem Monitor gelaufen war. Er rieb sich seine Augen und schüttelte langsam den Kopf.

»Diesen Kampf gewinnen wir nicht, Admiral«, antwortete er leise, dennoch wusste er um die Sackgasse, in der er sich befand.

»Haben Sie eine andere Idee? Wir sollten uns darauf einst…« Weiter kam Wilkens nicht, denn Perez unterbrach seinen obersten Vorgesetzten.

»Entschuldigen Sie, Admiral. Mein Unteroffizier ist gerade zu mir gekommen. Das Wesen hat sich dem Sandwall genähert und sich hingesetzt. Es klopft mit der Hand auf den Boden. Was soll ich ihm sagen?« Die hektische Stimme des Offiziers hallte durch den Meetingraum. Midler und Wilkens sahen sich ratlos an.

»Beruhigen Sie ihn. Sagen Sie ihm, dass wir keine Konfrontation wollen und nach einer Lösung suchen«, antwortete Midler schließlich.

»Das weiß er doch schon alles. Ich wiederhole mich doch nur. Verzeihen Sie, Mr. President, aber ich bin es, der mit ihm sprechen muss. Diese Hinhaltetaktik mag bei uns Menschen ja funktionieren, aber …«

»FÜHREN SIE DEN BEFEHL AUS, SOLDAT«, schrie Admiral und schlug mit der flachen Hand auf den Tisch. Die Anwesenden im Meetingraum zuckten zusammen. Es wurde still in der Leitung.

»Zu Befehl, Admiral.« Es war nicht zu überhören, wie wütend Perez über die Worte des Admirals war.

Es wird mich zerfetzen. Ich werde nicht mit ihnen spielen. Ich werde den Befehl nicht ausführen. Soll Wilkens seinen Arsch doch herschaffen und es diesem Monster selbst sagen. Ich werde es NICHT.

Zum dritten Mal marschierte er an den Soldaten vorbei, steckte sich den kleinen Lautsprecher ins linke Ohr, setzte seine Mütze auf und trat hinter dem Sandwall hervor.

Langsam näherte er sich der Kreatur und setzte sich dem Geschöpf gegenüber. Im Gegensatz zum letzten Mal klopfte das Wesen weiterhin auf den Boden. Sein Blick wechselte erstaunt zwischen der klopfenden Hand und dem Gesicht der Kreatur, die ihm ernst in die Augen starrte. Das Wesen zeigte sein Gebiss. Perez hatte sich geschworen, die furchteinflößenden Zähne nicht mehr anzusehen. Er tat es dennoch.

»Ich bin da«, raunte der Offizier.

Das Klopfen wurde lauter, die Hand schlug fester und fester auf den Boden, so stark, dass sie den feinen Sand aufwirbelte.

Vor fünf Jahren hatte sein nervös zuckendes Auge damit aufgehört, ihn zu nerven. Elf Jahre hatte Perez damit leben müssen, bis die Zuckungen endlich verschwunden waren. Nun spürte er, wie sein linkes Auge unkontrolliert begann zu krampfen, doch das stetige Klopfen und seine Hilflosigkeit ließen ihn sein Auge vergessen.

Ich muss etwas tun. Es hört nicht auf. Es hört einfach nicht auf.

Der Offizier stand langsam auf. Er betrachtete die klopfende Kreatur am Boden, die den Blick auf ihn richtete. Endlich hörte es auf. Dieses bedrohliche dumpfe Schlagen auf den Sand im bolivianischen Grenzgebiet. Das Wesen sprang rückwärts auf seine Hände und neigte seinen Kopf zur Seite.

Etwas ist anders. Was geht hier vor sich?

Lautlos und mit einer unfassbaren Leichtigkeit sprang das Geschöpf auf beide Beine und kam auf Perez zu. Reflexartig trat der Offizier einen Schritt zurück, doch das Wesen minderte auch diesen Abstand, bis es kurz vor ihm stehen blieb. Es streckte dem Offizier in einer unbeholfenen Art und Weise die Hand entgegen. Perez sah es irritiert an und erwiderte die Geste. Die Hand der Kreatur war schlaff wie die einer Leiche. Er fühlte die eigenartige Innenfläche ihrer Hand. Glatt, kalt und sehr elastisch. Sie erinnerte ihn an ein großes Stück Kaugummi, das er umfasste.

»Das ist die Geste, mit der sich eure Rasse begrüßt oder verabschiedet«, würgte die Kreatur aus ihrem Kehlkopf hervor.

Wortlos nickte Perez langsam. Das Knacken in seinem Ohr ließ den Offizier zusammenfahren. Der Funk wurde eingeschaltet und kurz darauf hörte er die panische Stimme seines Unteroffiziers.

»Abbruch, Offizier Perez! Sofortiger Rückzug! Ich habe Admiral Wilkens auf der anderen Leitung. Brechen Sie den Kontakt sofort ab! Ich wiederhole: Brechen Sie das Gespräch sofort ab!« Der Unteroffizier schrie so laut, dass Perez Ohrenschmerzen bekam.

»Ich möchte mich von Ihnen verabschieden«, fuhr die Kreatur fort und neigte auf sonderbare Weise ihren Kopf.

Perez dachte für eine Sekunde darüber nach, sich loszureißen und hinter den Sandwall zu sprinten. Er verwarf den Gedanken und nahm den Knopf aus seinem Ohr. Immer noch hörte er seinen Unteroffizier, dessen Stimme nun aus der Nähe seines Kragens kam, laut schreien.

»Sofortiger Rückzug, Offizier Perez! Sofortiger Rückzug!«

Perez ignorierte das Geschrei und widmete sich wieder dem Geschöpf.

»Wohin gehen Sie? Warum verabschieden Sie sich von mir? Ist es vorbei?« Etwas Besseres fiel ihm in diesem bizarren Moment nicht ein und er sah fragend in die ausdruckslosen Augen.

»Ich möchte Ihre Bemühungen huldigen. Das Kollektiv hat sich entschlossen. Jedoch lässt es Euer Intellekt und die Wahrnehmung Eurer Rasse nicht zu. Das ist bedauerlich und dennoch eine Chance für uns, Schlimmeres zu vermeiden. Für Euch, für das Universum und letztendlich für uns.« Die Kreatur zog ihre Hand zurück. Ein ohrenbetäubendes Klacken durchbrach die Stille am bolivianischen Grenzübergang. Die schier endlos wirkende Armee der Geschöpfe stand zeitgleich auf, drehte sich um und bewegte sich so langsam, wie sie gekommen war, wieder in die Richtung argentinischen Gebietes.

Offizier Perez, der immer noch mit ausgestreckter Hand das Spektakel verfolgte, verstand nichts mehr. Hatte er etwas falsch gemacht? Warum zogen sie sich zurück?

»Was hat das zu bedeuten?«, stammelte er.

»PEREZ!« Sein Unteroffizier trat hinter dem massiven Sandwall hervor und winkte mit dem Satellitentelefon. Der Soldat wirkte sehr aufgeregt und forderte den Offizier dazu auf, sich schneller zu bewegen.

»Was ist?«, fragte Perez, während er den Rückzug der Armee beobachtete.

»Admiral Wilkens ist am Apparat. Er ist sehr aufgebracht, Sir.« Der Unteroffizier drückte Perez das Telefon gegen die Brust.

»Admiral?«

»WAS ZUM TEUFEL IST LOS MIT IHNEN? WAS VERSTEHEN SIE AN DEM WORT ›RÜCKZUG‹ NICHT?«, brüllte der Admiral in den Hörer.

Perez atmete entnervt aus und rieb sich die Augen. »Verzeihung, Admiral.« Ohne seine Zähne zu bewegen, presste er die halbherzige Entschuldigung aus seinem Mund.

»Schicken Sie Ihre Truppen sofort vom Grenzgebiet weg. Neue Positionen sind La Serena und Santa Catarina. Geben Sie den Befehl zu den jeweiligen Obertruppenführer im Osten und Westen weiter.«

Perez dachte für einen Moment über die beiden neuen Orte nach, zog seine Augenbrauen nach oben und schüttelte den Kopf.

»Admiral, bitte korrigieren Sie mich, falls ich falsch liege: La Serena ist ein Küstengebiet in Chile und Santa Catarina liegt in der Küstenregion von Uruguay.«

»Ja, Offizier. Haben Sie mit meinem Befehl erneut ein Problem? Wenn ja, sollten wir uns ernsthaft über Ihre Kompetenz bei dieser Operation unterhalten.«

»Der Befehl wird natürlich ausgeführt, Admiral. Wir benötigen im besten Fall vier Tage, um die Orte zu erreichen. Was wird unsere Aufgabe dort sein?«

»Sie werden es in drei Tagen schaffen müssen, Perez. Nach Ankunft beziehen Sie unverzüglich Gefechtsformation. Ihre Männer erhalten hiermit nach Ankunft sofortigen Schießbefehl. Fremdlinge in dieser Region werden ausgeschaltet. Nicht identifizierbare Objekte zerstört. Sie melden sich jede Stunde mit einem aktuellen Statusbericht bei mir.«

Wilkens legte auf, Perez gab den Befehl an seinen Unteroffizier weiter. Es war nicht unüblich, bei solchen Operationen nur halbherzige Informationen zu bekommen, um keine Zeit zu verlieren. Die Hundertausenden Soldaten brachen ihr Lager am Grenzgebiet zu Bolivien ab. Nach zwei Stunden setzte sich der erste Konvoi Richtung Osten in Bewegung.

Zur gleichen Zeit öffnete sich die Tür des Besprechungsraumes tief unter der Erde in Bulgarien. Mark Allison verließ mit Agent Crowley den Raum des Bunkerkomplexes. Leise schloss

Crowley die Tür und sah Mark an. Aus dem Gesicht des Wissenschaftlers aus New York war jegliches Blut gewichen. Leichenblass blickte Mark durch seinen Freund hindurch.

»Geht es dir etwas besser?«, fragte Crowley, doch auch sein Anblick ließ vermuten, dass es dem Wissenschaftler alles andere als gut ging.

Mark schüttelte den Kopf, drehte sich weg, griff einen Papierkorb und übergab sich erneut. Der Agent stützte seinen Freund und führte ihn in die kleine Küche der unterirdischen Anlage. Ein Glas Wasser und der Wind des Standventilators halfen ihm, sich zu beruhigen. Crowley rührte nachdenklich seinen Tee um, legte den Löffel auf die Ablage und setzte sich zu Mark. Die Telefonkonferenz war ohne Interaktion abgehalten worden. Die Teilnehmer hatten sich eingewählt, waren auf stumm geschaltet worden und hatten die Stellungnahme aus dem Hauptquartier in den USA gehört. Immer noch schwirrten die letzten Wörter des Monologs in Allisons Kopf umher: »Möge Gott ihnen beistehen.«

Mark stieß ein verzweifeltes Lachen aus und wischte sich die Tränen aus seinem Gesicht. Selbstvergessen zog er sein Handy aus seiner Hose und wählte Martins Nummer. Obwohl Mark es schon vermutete, wollte er den Versuch unternehmen, doch er bekam kein Freizeichen mehr. Die neueste Hiobsbotschaft hatte sich wie ein Lauffeuer verbreitet, und das, obwohl die Medien erst vor wenigen Minuten davon unterrichtet worden waren.

Mark tippte eine Nachricht an seine Freunde in München. Er las den Text mehrmals durch und zeigte ihn schließlich Crowley. Der FBI-Angestellte überflog den Text, presste die Lippen zusammen und nickte. Allison sendete den Text ab.

Martin Luber schlief tief und fest auf seiner Luftmatratze, als das heftige Schütteln an seiner Schulter ihn aus dem Schlaf riss. Müde sah er Christine an. Sie hielt ihm sein Handy vor die Nase. Er rieb sich die Augen.

Liebe Freunde,
ich wollte euch anrufen, doch die Netze sind überlastet. Mein Wunsch war es, euch beide einmal persönlich kennenzulernen, sollte dieser Albtraum eines Tages enden. Mein größter Wunsch war es, eines Tages aufzuwachen und festzustellen, dass das alles nur ein schlechter Traum wäre, ich nach New York fliegen könnte und wir uns irgendwo auf ein paar Bierchen treffen und über alles lachen könnten. Wünsche und Realität.
Schaltet den Fernseher ein, das Radio, was auch immer ihr in greifbarer Nähe habt. Es geht los. Sperrt euren Keller ab, egal, was ihr da draußen hört, macht auf keinen Fall auf! So Gott will, werden wir uns wieder hören.
Ich liebe Euch.
Mark

Die theatralischen Worte waren untypisch für Mark. Luber suchte nach der Fernbedienung, um den Fernseher einzuschalten. Christine hielt sie bereits in den Händen und sah ihren Freund mit Tränen in den Augen an.

»Was ist denn hier los? Ich habe doch nur eine Stunde geschlafen. Was zum Teufel ist passiert?«

»Ich liebe dich, mein Schatz. Wir müssen jetzt stark sein. Ich glaube, dass Mark uns tatsächlich das Leben gerettet hat. Ich habe vorhin schon die Nachrichten gesehen, wollte aber, dass du wenigstens ein bisschen Schlaf abbekommst. Ich schalte jetzt ein, okay?«

Martin wurde immer unruhiger, setzte sich schnell auf und sah Christine verstört an.

»Kannst du mir bitte mal sagen, warum ihr beide euch so eigenartig verhaltet? Was zur Hölle ist denn in der einen Stunde passiert?«

»Wir reden danach. Sieh selbst.« Sie drückte den Knopf.

Die Liveübertragung war auf allen Sendern die gleiche. Martins Pupillen weiteten sich. Das Livebild zeigte für einen Moment den strahlend weißen Shell Beach an der westaustralischen Küste. Martin konnte nichts Außergewöhnliches erkennen, das Bild verschwand. Im nächsten Moment sah er den Roten Strand in China. Die Strand-Soden erstrahlten in einem kräftigen Grün, die sich gegen Ende des Sommers in eine feuerrote Farbenpracht verwandeln sollten. Sein Blick wanderte zu dem Geschehen in der Mitte des Bildes. Die Kamera zoomte heran und Luber sah eine gigantische Metallkugel, die an die Küste gestrandet schien. Der Durchmesser des Kolosses betrug fünf Meter und schien poliert und fabrikneu abgelegt worden zu sein. Frei von Algen und dem Wasser, dessen Wellen immer noch gegen den hinteren Teil der Kugel brachen, machte es den Anschein, als würde die äußere Schicht des Objektes sämtliche äußeren Einwirkungen von sich abprallen lassen.

»Was ist das?« Fasziniert von den Bildern drehte er sich zu Christine, die seinen Blick allerdings nicht erwiderte.

»Warte. Es wiederholt sich. Überall auf der Erde.«

Martin sah wieder auf den kleinen Fernseher, der am Boden vor den Regalen mit Lebensmittelvorräten stand. Die obere Hälfte der silbernen Kugel öffnete sich in zwei Teilen.

»Es öffnet sich. Was ist da drin?« Martin beugte sich nach vorn, um den Inhalt zu erkennen.

»Kugeln, Schatz. Abertausende von kleinen silbernen Kugeln. Erinnerst du dich noch, wie uns Michael damals in der fremden Welt von diesen Wächtern erzählt hat? Die Fotos von den runden metallischen Objekten? Sie sind hier. Das sind diese Wächter.«

Martin schluckte. Die silberne Farbenpracht im Inneren des riesigen Objektes war wundervoll anzusehen. Luber versuchte, die Murmeln zu zählen, doch seine Freundin hatte mit ihrer Vermutung recht. Tausende Murmeln lugten aus dem Inneren hervor. Wenn man die Tiefe der gigantischen Muttermurmel bedachte, musste sie Hunderttausende in ihrem metallischen Bauch an den Strand geschwemmt haben. Das Livebild verschwand. Eine nervöse Moderatorin erschien im Studio des Nachrichtensenders.

»Die silbernen Objekte wurden nun auch an der Nordseeküste, an der Küste Miamis, in Portugal, Mexiko, Kreta, Brasilien und Thailand gesichtet. Laut unseren neuesten Informationen steigt die Anzahl der gesichteten Objekte auf über 70.000. Die Konföderation hat mit sofortiger Wirkung eine weltweite Ausgangssperre verhängt. Natürlich sei diese in diesem Ausmaß nicht zu kontrollieren, jedoch appelliert der Sprecher der Konföderation an die Menschen, ihr Leben und ihre Gesundheit nicht in Gefahr zu bringen. Man untersuche die weltweiten Phänomene. Ein globales Kriegsrecht wurde ausgerufen.«

Erneut blendete der Sender Livebilder aus Thailand ein. Eine Menschentraube stand an der geöffneten Kugel und betrachtete den Bauch und dessen Inhalt neugierig. Die Menschen schossen lachend Selfies vor dem Ungetüm. Martin beobachtete, wie ein dickbäuchiger Strandbesucher vergebens versuchte, eine der Kugeln aus dem Inneren zu nehmen. Thailändische Soldaten standen etwas abseits der Szenerie, sie wirkten ratlos und ließen die Strandbesucher gewähren.

»Schafft die Leute da weg. Um Gottes willen. Schafft die Menschen weg von der Kugel«, flüsterte Martin und wedelte mit der Hand vor dem Bildschirm.

Christine sah ihrem Freund traurig zu und fuhr ihm durch das Haar.

»Wir können nichts mehr tun, Schatz. Es hat begonnen. Die Menschen sind auf sich allein gestellt.«

Er schüttelte irritiert den Kopf. »Nein, das darf nicht sein. Schafft die Menschen weg von da!«, schrie Martin den Bildschirm an, während sich immer mehr Menschen dem Koloss näherten.

Im Weißen Haus war der Notfallplan aktiviert worden. Die nun schon seit einer Woche in dem Komplex lebenden Mitglieder der Konföderation wurden in den im östlichen Teil befindlichen Luftschutzbunker gebracht. Präsident Midler wurde als Erstes vom Sicherheitspersonal in den Bunker geführt, gefolgt von Admiral Wilkens.

»Es dauert einen Moment, bis die Computersysteme in den Luftschutzbunker umgeleitet und über uns abgeschaltet werden.« Wilkens senkte den Blick. Ihm wurde bewusst, dass er den Krieg und seine Kameraden verloren hatte.

»Was war der letzte Stand der Satellitenauswertung, bevor der Alarm losgegangen ist?«, fragte Midler und sah sich in dem

Raum um, den er nur einmal nach dem Amtsantritt zum Präsidenten der Vereinigten Staaten von Amerika besucht hatte.

»Alle registrierten 72.811 Mutterkugeln befinden sich nun an Stränden und Küstenabschnitten. Sie haben sich zeitgleich geöffnet. Das Bild kennen Sie, Mr. President. Aufgrund der enormen Schwere der Objekte gehen wir davon aus, dass sie nicht an die Küsten gespült, sondern sich eigenständig dem Land genähert haben.«

Midler drehte sich vom Admiral weg. Für einen Moment übermannten den Politiker seine Gefühle und er rang mit den Tränen. Er wollte nicht der Präsident sein, der für den globalen Exodus verantwortlich war. Er wollte nicht der letzte US-Präsident der Menschheitsgeschichte sein.

»Wir haben alles versucht, Mr. President. Wir haben alles Menschenmögliche getan, um diesen Wahnsinn unter Kontrolle zu bekommen, den Justin Mortensen ausgelöst hat. Was wir seit Anbeginn des missglückten Projektes der Nofox versucht haben, war nichts anderes als Schadensbegrenzung. Wir haben eine Konföderation ins Leben gerufen, der sich alle Nationen dieser Welt angeschlossen haben. Wir haben eine Einigkeit erzielt, die seit Menschengedenken unmöglich zu sein schien. Wenn es jemanden auf diesem Planeten gäbe, der sich dafür rechtfertigen müsste, dann wäre es Justin Mortensen. Aber glücklicherweise hat er sich das Leben genommen, sonst würde ich ihn eigenhändig erschießen.« Wilkens rieb sich die Schläfen.

Midler nickte und drehte sich zum Admiral um, der ihm nun schon seit Beginn seiner Amtszeit treu zur Seite stand.

»Vielleicht musste es so kommen, damit die Menschen aufwachen und erkennen, wie vergänglich unser Leben und wie schützenswert unsere Erde ist. Ich wünsche mir nur von Herzen, dass diese Sache glimpflich für uns ausgeht. Wir haben noch keine Zahlen aus Argentinien, da es bis dato unmöglich ist, dass Landesinnere zu betreten. Aber sobald sich diese Kreaturen zurückgezogen haben, hoffe ich, dass sich unsere Vermutungen nicht bestätigen.«

Admiral Wilkens ließ die letzten Worte des Präsidenten unkommentiert.

Um 0:14 Uhr fuhren die Computersysteme im Luftschutzbunker hoch und die Evakuierung wurde abgeschlossen. In einer kurzen Krisensitzung der Konföderation wurde einstimmig beschlossen, die Bevölkerung über den aktuellen Stand zu informieren und sie auf den schlimmsten Fall vorzubereiten. Die Evakuierungen der Großstädte, die mit der WHO geplant worden waren, sollten nach Ausstrahlung des Statements beginnen.

Die Pressekonferenz wurde für 02:30 Uhr Ortszeit festgelegt, doch als Tom Midler dem Beschluss der Konföderation zustimmte, ahnte er nicht, dass diese Mitteilung niemals ausgestrahlt werden sollte.

Gabriel hatte sich an seine Mutter gekuschelt. Für Maria war es die erste Nacht seit langer Zeit, in der sie durchschlief und der tiefe Schlaf ihrem Körper die Energie zurückgab, die ihr schon so lange gefehlt hatte. Die harte Arbeit in den vergangenen Tagen hatte ihren Tribut verlangt. Gegen sechs Uhr weckte der Handyklingelton die achtunddreißigjährige Frau. Halbwach griff die Sizilianerin neben ihre Matratze und tastete nach ihrem Telefon. Sie bekam es zu greifen und hob mit einem gemurmelten Hallo ab. Sie erkannte sofort Matteos Stimme und hörte dem Redefluss des jungen Mannes zu. Langsam setzte sie sich auf und betrachtete ihren schlafenden Sohn. Mit einem Mal war sie hellwach, in unregelmäßigen Abständen huschte ihr ein leises Okay über die Lippen. Während Matteo erzählte, stieg Maria aus dem Bett und begann an ihrem Fingernagel zu kauen, eine Angewohnheit, die sie vor mehreren Jahren mühevoll abgelegt hatte.

»Danke, Matteo. Bitte pass auf dich und deine Mutter auf«, sagte sie leise, um Gabriel nicht zu wecken. Sie schloss die Tür hinter sich und öffnete den Heizungsraum, in dem Leonardo geschlafen hatte. Leonardo stand mit dem Rücken zur Tür am Kellerfenster und starrte durch einen Schlitz hinaus.

»Du bist schon wach?«, fragte Maria.

Ihr Nachbar drehte sich um und nickte.

Um fünf Uhr hatte sein Chef ihn aus dem Schlaf geklingelt, um ihm mitzuteilen, dass er diese Woche nicht zur Arbeit kommen müsse. Leonardo befürchtete eine Kündigung, doch der verrückte alte Mann, wie er ihn liebevoll immer nannte, erzählte ihm, dass sich diese Kugel geöffnet habe. Die Lieferung sei storniert worden. Seltsame Dinge würden an den Küsten geschehen und das Militär habe etliche Zufahrtsstraßen, die zu der Spedition in der Nähe von Palermo führten, gesperrt.

Maria ließ ihren Nachbarn ausreden und erzählte ihm anschließend von Matteos Anruf.

»Er hat mir das Gleiche erzählt. Matteo ist heute Morgen von den Polizeisirenen wach geworden und hat vom Balkon aus beobachtet, wie sich in der Nähe des Hafens ein Blaulichtmeer auftat. Er ist nach unten, wollte sehen, was dort vor sich geht, und wurde vom Militär gestoppt. Sie haben den kompletten Hafenbereich abgesperrt.«

Leonardo schaltete den Fernseher in dem Heizungsraum ein. Langsam setzten sie sich auf seine Matratze und verfolgten ungläubig die Geschehnisse rund um den Globus.

»Es geht los, Leonardo. Ich habe dir gesagt, mein Bauchgefühl täuscht mich nicht. Da draußen passiert etwas«, flüsterte Maria.

Der Fünfzigjährige stand auf, verließ den Heizungsraum und stieg die Treppe nach oben.

»Was tust du?«, fragte Maria.

»Ich sperre die Kellertür ab. Wir sollten abwarten. Irgendwas stimmt hier ganz und gar nicht«, rief Leonardo von oben.

Maria sah aus dem kleinen Spalt des Kellerfensters nach draußen. Die Sonne ging langsam auf und die satte Wiese vor ihrem Haus gab dem leichten Wind nach. Maria fragte sich, wann sie wohl wieder vor ihr Haus treten könne. Sie kniete sich hin, faltete die Hände und dankte Gott dafür, dass er sie gewarnt hatte und Leonardo ihrer Bitte nachgegangen war. Aus der Ferne hörte sie Sirenen. Sie kniff die Augen zu und presste ihre Hände fester zusammen.

Als die Sirenen der Einsatzkräfte die Menschen in Sofia aus dem Schlaf rissen, hatte die Evakuierung der transportfähigen Patienten der City Clinic bereits begonnen. Die Regierung hatte schon vor der Stellungnahme des US-Präsidenten und der darauffolgenden Evakuierung alle staatlichen Institutionen informiert und den Abtransport hilfsbedürftiger und transportfähiger Personen angeordnet. Man beschloss, die Patienten an Orte außerhalb der Ballungszentren zu verlegen. Michael Millers Zustand war nach wie vor kritisch, sodass sich der diensthabende Arzt dazu entschied, den Patienten in seinem Zimmer zu lassen. Eine Notbesetzung wurde benannt und in das Krankenhaus zitiert, um die verbleibenden Patienten während der Evakuierungsphase zu betreuen. Die

Konföderation hatte in der eigens für die Behörden verfassten Erklärung bekannt gegeben, dass der Ausnahmezustand nicht länger als zwei Tage andauern solle.

Die militärischen Streitkräfte, koordiniert von Admiral Wilkens, wurden zu den Lokationen der 72.811 Mutterkugeln zusammengezogen. Wilkens ordnete nach dem Abschluss der Evakuierung den sofortigen Angriff auf die metallischen Objekte an. Um 0:43 Uhr Ortszeit betrat der Admiral mit einer neuen Auswertung den Meetingraum des Luftschutzbunkers.

»Meine Damen und Herren, wir haben die neuesten Satellitenbilder erhalten. Die Kreaturen haben in der Tat den Rückzug angetreten. Wir haben feststellen können, dass die in Australien angekommenen Fremdlinge sowie die Wesen in Argentinien Richtung Antarktis unterwegs sind. Der militärische Krisenstab geht davon aus, dass sich die Fremdlinge komplett zurückziehen werden.«

Eigentlich war es ein Grund zur Freude, doch die silbernen Objekte, die sich bis auf die letzte Kugel geöffnet hatten und ihr bizarres Inneres preisgaben, sorgten für Kopfzerbrechen bei der Konföderation. Das kurze Meeting wurde beendet und Tom Midler machte sich bereit, die Stellungnahme des Pressesprechers im Fernsehen live zu verfolgen und die anschließende Evakuierung der Millionenmetropolen mit Admiral Wilkens zu überwachen.

Als die große in Grau gehaltene Uhr im Arbeitszimmer oberhalb des Luftschutzbunkers die volle Stunde anzeigte, geschah zeitgleich in der Antarktis, in Argentinien, in Australien und in den Ozeanen etwas Sonderbares: Die Kreaturen verharrten in ihrer Bewegung. Die Geschöpfe im Wasser schwammen auf der Stelle und die Heerscharen an Land, die ihren Weg zurück zum letzten Wolkenkreis angetreten hatten, blieben stehen. Ob im Wasser oder an Land, die Geschöpfe reckten ihre Köpfe nach oben und blickten starr in den Himmel.

»Papa, schau mal! Darf ich die haben?«, fragte das Mädchen am Camps Bay in Kapstadt und deutete auf die kleine silberne Murmel, die aus dem riesigen Objekt gefallen war. Ihr Vater betrachtete skeptisch das runde Objekt, das nicht größer als sein Fingernagel war. Er nahm seine sechsjährige Tochter an die Hand und zog sie weg von der Riesenkugel und der Menschentraube, die von Minute zu Minute anwuchs.

»Nein, lass es besser liegen, Kleines. Ich kaufe dir morgen eine andere Murmel in einer schöneren Farbe«, sagte er und ging mit seiner Tochter über den Strand Richtung Parkplatz. Plötzlich merkte er, dass der Händedruck seiner Tochter erschlaffte. Der Südafrikaner drehte sich zu seiner Tochter.

»Versprochen. Du bekommst morgen eine. Aber jetzt müssen wir nach Hause, Kleines.«

Er setzte sich in Bewegung, doch der Widerstand seiner Tochter ließ ihn erneut stehen bleiben. Genervt drehte er sich um. Sie hockte sich hin und betrachtete etwas in ihrer Hand.

»Was hast du da?« Besorgt beugte er sich hinunter und nahm ihre Hand. Der Vater keuchte. Ein kleines Rinnsal Blut lief aus der Nase seiner Tochter. Reflexartig drehte er sich zum großen Objekt am Wasser um und sah, dass die silbernen Murmeln, die seine Tochter so gerne hatte mitnehmen wollen, verschwunden waren.

Am Strand von Cala Millor im Osten Mallorcas fielen vor den Augen der Policia Local Tausende Murmeln aus der Mutterkugel und formierten sich binnen weniger Sekunden zur Abbildung einer Waage. Die spanischen Polizisten sahen sich das Gebilde verwundert an. Der Polizeiobermeister Pedro fasste eine der winzigen Kugeln und versuchte sie hochzuheben. Für den bulligen Spanier war es unmöglich, den Gegenstand auch nur einen Millimeter zu bewegen. Das Objekt schien mit dem Sandstrand verwachsen zu sein.

Innerhalb von vierzig Sekunden bewegten sich aus allen 72.811 registrierten Objekten Millionen von Murmeln und formten vor ihrer Mutterkugel das gleiche Bild: eine Waage, deren linke Waagschale nach unten hing.

An der Bucht von San Francisco beobachteten Matthew und Loreen das Spektakel von einer Anhöhe aus mit einem Fernglas mit Nachtsichtfunktion. Der Strandabschnitt war, wie viele weltweit, zur militärischen Sperrzone erklärt worden. Loreen senkte das Fernglas und sah ihren Verlobten nachdenklich an.

»Das sieht aus wie das Symbol für Gleichgewicht«, sinnierte sie laut.

»Lori, jetzt drehst du aber langsam durch.« Matthew lachte und drehte sich amüsiert zu der Geschichtsstudentin um.

»Mag sein, aber diese Wesen senden eine Nachricht. Glaube mir. Dieses Symbol steht ursprünglich für Gleichgewicht und Gerechtigkeit. Denk doch an die römische Mythologie und Justitia«, erwiderte sie und betrachtete fasziniert das geformte Bild.

»Du und dein Geschichtskram wieder«, prustete Matthew los.

Wenige Minuten später löste sich die Formation auf und die silbernen Wächter rasten in einer Geschwindigkeit, die für das menschliche Auge kaum greifbar war, in alle Himmelsrichtungen los. Eine Minute und zweiundzwanzig Sekunden später lagen Loreen und Matthew regungslos am Boden. Blut quoll aus ihren Nasen. Die tödlichen Wächter hinterließen an dem Ein- und Austrittspunkt in das Innere des menschlichen Gehirns ihre Spuren. Binnen dem Bruchteil einer Sekunde nach Eintritt in ihr Opfer sendete die hochtechnologische Kugel einen Stromstoß an das Großhirn und verließ das Organ genauso schnell, wie es eingedrungen war. Mit dem einzigen Ziel, einen neuen menschlichen Organismus zu finden und ihre Arbeit fortzuführen. Matthew und Loreen hatten nur einen kleinen Stich in der Nase gespürt. Es fühlte sich an wie ein Bienenstich, und die beiden zuckten zeitgleich für eine Sekunde zusammen. Während sie sich verdutzt ansahen und sich ihre Nasen rieben, waren sie bereits hirntot. Der Vorgang war zu rasant. Die menschliche Reaktion hinkte dem tödlichen Resultat hinterher. Nach wenigen Sekunden sackten die beiden tot in sich zusammen.

Das Grauen überrollte die Erde. Millionen von Wächtern rasten über den Erdball und erfüllten ihre Aufgabe. KCCB aus New York war der einzige Sender gewesen, der es geschafft hatte, live von der beginnenden Eliminierung zu berichten. Doch als die Star-Moderatorin Olivia Smith vor laufender Kamera ihre Berichterstattung unterbrach, sich an die Nase fasste und verwundert einen Bluttropfen auf ihrem Finger betrachtete, endete auch der letzte offizielle Informationsfluss über die aktuellen Ereignisse. Smith brach an ihrem Schreibtisch zusammen. Für wenige Momente konnte der Zuschauer noch das Raunen im Studio und das hektische Gemurmel aus der Regie hören, bis plötzlich die Kamera nach oben gerissen und die Kabel an der Decke des Studios gezeigt wurden. Es wurde still im Aufnahmestudio des New Yorker Senders KCCB.

In der Jama-Masjid-Moschee in Neu-Delhi sackten fünfhundert Menschen wie Marionetten, deren Schnüre abgeschnitten worden waren, in sich zusammen. Es war das

Werk von lediglich fünfzehn Wächtern, die sich um diesen Abschnitt kümmerten. Systematisch arbeiteten sich die silbernen Objekte durch das Terrain. Die massiven Kugeln durchbrachen Türen, Fenster und bewegten sich mühelos aufwärts.

In der Innenstadt von Wien bot sich den Menschen, die zu diesem Zeitpunkt noch am Leben waren, ein schreckliches, geisterhaftes Bild. Die wenigen Fahrzeuge standen mit laufenden Motoren an den Ampeln, die in regelmäßigen Intervallen ihr Licht änderte. Trotz der kreisrunden Löcher zeigten die Fensterscheiben keine Risse, zu schnell war die Eintrittsgeschwindigkeit der Wächter gewesen. Die Insassen der Wagen wirkten, als wären sie eingenickt.

Matteo betrachtete von seinem Balkon aus den kleinen Gemüseladen auf der gegenüberliegenden Straßenseite. Eine ältere Frau fiel in die Auslage des akkurat aufgereihten Gemüses. Einzelne Tomaten rollten auf die Straße, während der Kopf der Frau in der Tomatenkiste versank, ihre Arme schlaff nach unten hingen und die Beine langsam nachgaben.

»Sperr sofort die Tür zu, Mama!«, schrie er ins Innere der Wohnung. Sein Blick blieb an einem Rollerfahrer haften, der mit gesenktem Kopf die Straße entlangfuhr. Mit einem Knall prallte der Roller gegen einen Hydranten. Der Fahrer wurde von seinem Sitz geschleudert und prallte auf den Asphalt.

Matteo wusste, dass der Mann bereits vor dem Aufprall tot gewesen war. Ohne Reaktion war der regungslose Körper durch die Luft geflogen. Seine Mutter reagierte nicht, er vermutete sie in der Küche. Matteo betrat das Wohnzimmer und ging durch den Flur, hielt jedoch an der Wohnungstür inne. Ein kleines Loch mit einem Durchmesser von einem Zentimeter ließ das Treppenhauslicht aus dem Flur durch. Langsam näherte er sich der Küche. Seine Mutter saß auf dem Stuhl. Auf ihrem Schoß lag eine Schüssel mit Kartoffeln, in ihrer Hand das Schälmesser. Ihr Kopf hatte den Teller vor ihr, auf dem die Schalen lagen, zerbrochen. Schnell realisierte Matteo, was passiert war. Obwohl er nicht wusste, wer oder was seine Mutter getötet hatte, wusste er, dass er sofort die Wohnung verlassen musste. Matteo rannte auf den Balkon. Hektisch suchten seine Blicke einen Fluchtweg. Er beugte sich nach vorn und betrachtete den Balkon im ersten Stock unter sich. Ein letztes Mal blickte er ins Innere der Wohnung, kletterte über die Brüstung und ließ sich langsam nach unten. Es war seinem langjährigen Joggen zu verdanken, dass der drahtige Mann sich so lange halten konnte. Matteo begann zu wippen, wartete den richtigen Zeitpunkt ab und ließ sich auf den Balkon unter sich fallen. Er hatte es geschafft und landete, ohne sich zu verletzen, bei der Familie Pietro hinter der Brüstung. Die geschlossene Balkontür spiegelte ein wenig, aber er erkannte die Silhouette einer liegenden Person im Wohnzimmer.

»Verdammte Scheiße, was geht hier vor sich?«, fluchte Matteo und beschloss, ein weiteres Mal nach unten zu klettern. Wieder sah er nach unten. Sollte er das Geländer zur Terrasse verfehlen, würde er direkt in den externen Treppenabstieg, der in den Fahrradkeller des Hauses führte, stürzen. Matteo stieg über das Geländer, ließ sich, so weit er konnte, nach unten und begann wieder mit den Beinen zu wippen.

Bei drei. Du schaffst es. Konzentriere dich. Einmal noch. Bei drei. Eins, zwei –

Das anhaltende Hupen eines Fahrzeugs irritierte ihn. Das Geräusch wurde lauter. Matteo drehte seinen Kopf zur rechten Seite und sah, wie ein Wagen mit hoher Geschwindigkeit zwei Häuser vor ihm in Giovannis Friseurgeschäft raste. Matteos Hände rutschten ab und er stürzte auf die unterste Treppe des Fahrradkellers. Regungslos blieb er liegen. Er hatte sich drei Rippen und beide Arme gebrochen. Matteo hatte den Sturz überlebt.

Der leitende Sicherheitsbeamte des Luftschutzbunkers des Weißen Hauses eilte in den Meetingraum. Außer Atem stand der korpulente Mann mit seinem Funkgerät in der Hand zwischen Tür und Angel und sah den Präsidenten hilflos an.

»Tot. Sie sind alle tot. Habe alles verriegelt«, keuchte er. Sein In-Ear-Kopfhörer baumelte an dem spiralförmigen Kabel über seiner Schulter, seine Krawatte war gelöst.

Midler stand auf, ging zu dem Mann und nahm ihn an den Schultern.

»Ganz ruhig, Mann. Setzen Sie sich. Wollen Sie ein Schluck Wasser?«

Der Mann nickte heftig und trank das Glas in einem Zug aus.

»Was ist passiert?«, fragte Midler, setzte sich und wies auf einen Stuhl neben sich.

Der Mann ließ sich schnaufend nieder.

»Ich bin nach oben gegangen. Alle dreißig Minuten bekommen wir einen Statusbericht von oben, schreibt das Protokoll so vor. Aber es kam nichts mehr. Ich habe immer wieder versucht, meine Kollegen zu kontaktieren, aber es hat sich einfach niemand über Funk gemeldet, Mr. President. Ich habe es immer und immer wieder versucht und dann habe ich die Tür zum Luftschutzbunker entriegelt. Was hätte ich denn tun sollen?« Sein Jammern ging in Weinen über.

Admiral Wilkens sah Midler ernst an. Nach wenigen Minuten hatte sich die Gemütslage des Überlebenden gefestigt und er fuhr fort:

»Sie lagen alle verteilt auf dem Boden. Alle bluteten aus der Nase. Ich habe aus dem Fenster zum Zaun des Weißen Hauses gesehen. Dort lagen drei unserer Leute regungslos auf dem Rasen. Dann bin ich sofort zurück und habe von innen alles verriegelt. Oh mein Gott!« Wieder brach der Mann in Tränen aus.

Wilkens stand auf, nahm das Satellitentelefon und setzte einen Funkspruch ab, der den leitenden Offizier Perez erreichen sollte, doch nichts geschah. Der Admiral wiederholte den Funkspruch dreimal, die Leitung in den südamerikanischen Raum blieb stumm. Der Admiral änderte die Frequenz, die ausschließlich für die Truppen eingerichtet worden war, um Aktionen der einzelnen Divisionen der Konföderation zu koordinieren.

»Hier spricht Admiral Wilkens, Oberbefehlshaber der Konföderation. Wer auch immer mich hören kann, bitte melden. Over.«

Die Anwesenden im Luftschutzbunker blickten gebannt auf das Satellitentelefon, doch eine Antwort blieb aus.

»Wie viele Soldaten empfangen den Funkspruch?«, fragte der Pressesprecher.

Admiral Wilkens ließ sich auf den Stuhl fallen und legte das Telefon auf den Tisch.

»Alle. Alle 350.000 Soldaten, die in dem Einsatzgebiet operieren«, erwiderte er leise und sah wie paralysiert auf das Telefon.

Der Präsident wandte sich ab und blickte auf den großen Monitor. Das Satellitenbild wurde aktualisiert, es glich dem vorherigen exakt. Seine Augen schnellten von einer Seite des Fotos zur nächsten. Die unzähligen Punkte an Land und im Wasser hatten sich nicht verändert.

»Sie bewegen sich nicht mehr. Sie stehen da wie Rehe im Scheinwerferlicht.«

Der Admiral stellte sich neben Midler. Er prüfte das Foto, das die ISS geschickt hatte, und verglich es mit der Aufnahme von vor wenigen Minuten, die er ausgedruckt in seinen Händen hielt.

»Sie warten ab, bis es vorüber ist, Mr. President. Genau dasselbe müssen wir jetzt auch tun. Das ist die Apokalypse der Neuzeit. Ich wünschte, ich müsste diesem grausamen Schauspiel nicht beiwohnen«, flüsterte der Oberbefehlshaber, drehte sich um und setzte sich.

Der Präsident folgte ihm, auch er setzte sich wieder und vergrub sein Gesicht in seinen Händen.

»Versuche es noch mal auf dem anderen Kanal.«

»Das habe ich doch schon mehrmals getan. Wir sehen entweder nur ein schwarzes Bild oder ein Studio mit Leichen. Es ist überall das Gleiche.«

»Das Radio.« Christine drängte sich an Martin vorbei und schaltete das kleine Transistorradio ein. Auf allen Kanälen war entweder ein Rauschen oder automatisch abgespielte Musik zu hören. Sie drehte den Regler wieder nach rechts, das Radio verstummte. Von der Straße war nichts mehr zu hören. Minuten zuvor war das Stöhnen der Passanten durch das vernagelte Fenster gedrungen. Es hatte so geklungen, als wären Autos ungebremst ineinander gerast. Doch die beängstigende Geräuschkulisse hatte abrupt geendet, sodass außer dem fröhlichen Zwitschern der Vögel und dem Winseln eines Hundes nichts mehr nach innen drang.

»Kannst du irgendwas erkennen?«, fragte Christine, während Martin durch den Spalt spähte.

»Zwei Männer liegen auf der Straße, ich glaube, sie sind tot. Von weiter hinten steigt Qualm auf, ich denke, das war der Unfall, den wir vorhin gehört haben. Hast du es noch einmal bei Mark versucht?« Martin drehte sich zu Christine, die ihm das Handy zeigte. Die Balken waren verschwunden, sie hatten keinen Empfang mehr.

»Was machen wir denn jetzt?« In Christines Augen bildeten sich Tränen. Sie hatte Angst, schreckliche Angst. Martin nahm seine Freundin in den Arm und küsste sie lange. Sein Lächeln beruhigte sie und er strich sanft über ihren Rücken.

»Wir werden genau das machen, was Mark uns geraten hat. Wir warten ab und werden diesen Keller vorerst nicht verlassen.«

Christine sah zu dem verschlossenen Malereimer, der als provisorische Toilette fungierte. Angeekelt verzog sie ihr Gesicht.

»Es ist so widerlich«, flüsterte sie.

»Ich weiß, Christine, ich weiß. Aber es geht vorbei. Die andere Möglichkeit ist, den Keller aufzusperren und nach oben zu gehen. Dann würden wir sterben. Wir schaffen das«, erwiderte Martin und drehte seinen Kopf wieder zum vernagelten Kellerfenster.

Eine halbe Stunde später erschütterte eine Explosion die Stadt. Brandgeruch stieg den beiden in die Nase. Panisch versuchte Christine, etwas zu erkennen, bis sie erleichtert feststellte, dass der Supermarkt auf der gegenüberliegenden Straße in Flammen aufgegangen war. Es war nicht weit weg, aber weit genug, um nicht in Gefahr zu sein. Sie schaltete den kleinen Ventilator ein. Martin reichte ihr eine geöffnete Dose Kidneybohnen und sie setzte sich zu ihm.

Während Martin und Christine Kidneybohnen und Ananas aßen, betrachteten sie voller Sorge das Bild des Senders N-VT. Das Live-Symbol in der oberen Ecke des Bildschirmes pulsierte in regelmäßigen Abständen. Es hatte den Anschein, als wäre der Moderator während der Sendung eingeschlafen. Sein Kopf lag regungslos auf dem Schreibtisch, seine rechte Hand umfasste noch ein Blatt Papier und das blutige Rinnsal aus seiner Nase suchte sich seinen Weg hinab zu den Schuhen.

Martin schaltete um. Immer wieder drückte sein Daumen den Knopf auf der Fernbedienung und wechselte zwischen den grauenvollen Szenerien, die nur erahnen ließen, was auf der Welt geschehen war. Er wollte sich nicht ausmalen, wie es da draußen aussah. Die Sicht aus dem Spalt des Kellerfensters offenbarte ihm genug. Martin schaltete den Fernseher ab. Seine Gedanken waren wieder bei Michael. Die Angst, seinen Freund nie wiederzusehen, brodelte erneut auf.

Während der Vitaldatenmonitor unermüdlich sein leises Piepsen in regelmäßigen Abständen von sich gab, kühlten die Leichen des Krankenhauspersonals im Gang des zweiten Stocks bereits ab. An der geschlossenen Tür oberhalb der Klinke befand sich das kleine Schild, das schon unzählige Male ausgewechselt worden war.

Miller, Michael

Das kleine Loch am rechten unteren Ende der Tür war kaum zu erkennen. Es war die tödliche Visitenkarte der Wächter.

Michael öffnete seine Augen. Sein Kopf schmerzte und sein Hemd war vom letzten Fieberanfall durchnässt. Er schärfte seinen Blick, so gut es ging, und erkannte eine kleine silberne Kugel, die auf seinem Brustkorb saß. Sofort wurde er in die Vergangenheit katapultiert. Vor seinem geistigen Auge sah er sich in dem Haus hinter dem Schrank sitzen, während er den Atem dieses Monsters roch und das laute Klacken in seinem Gehörgang schmerzte. Er sah sich in der Stadt vor den großen Wächtern stehen, die ihn ignorierten, und erinnerte sich daran, das brennende Gelbe in seine Augen geschmiert zu haben. Regungslos blieb Michael liegen, atmete so flach es nur möglich war und beobachtete die Kugel. Er spürte das Gewicht des Wächters auf seiner Brust kaum und erinnerte sich daran, dass er die Objekte nicht einen Millimeter bewegen konnte.

»Oh Gott«, stieß er aus. Sein Verstand kombinierte: Er war wieder in der Gegenwart. Die Wächter waren real. Er war wach. Michael wusste, was passiert war. Seine Pupillen weiteten sich und er rechnete mit seinem Ende. Die Konföderation hatte es nicht geschafft, was auch immer passiert war, sie hatten den Eintritt nicht verhindern können.

Bleib ruhig. Du lebst noch. Bleib still liegen und warte ab.

Michaels Augen fixierten die silberne Kugel. Plötzlich fühlte er eine leichte Vibration, die von dem Wächter ausging, und sah für einen Augenschlag ein grünes Licht in der Mitte der Kugel auflodern. Der Wächter schnellte davon. Michael spürte nicht, wie er seinen Brustkorb verließ. Seine Blicke suchten hektisch seinen Oberkörper ab. Er war verschwunden. Hatte er geträumt? Womöglich war es ein Fiebertraum, der ihn ereilt hatte. Nein, er war wach. Er war definitiv bei Sinnen. Miller versuchte, sich aufzusetzen, aber ein brennender Stich in seiner Schulter ließ ihn aufschreien. Er sackte wieder in sein Kissen und suchte mit der Hand am Rand des Bettes nach dem erlösenden Knopf. Glücklicherweise befand er sich auf der Seite seines gesunden Armes, sodass Michael immer wieder den Auslöser drückte und auf das Krankenhauspersonal wartete, doch niemand betrat sein Zimmer.

»Sie sind tot. Alle tot.« Seine heisere Stimme erschrak ihn. Er hatte Durst, musste auf die Toilette. Ihm wurde kalt. So furchtbar kalt, dass sein Körper zu zittern begann. Zehn Minuten später schlief Michael erschöpft ein. Er hatte sich die gelbe Masse zu oft in seine Augen geschmiert. Seine Leber war angegriffen und die Anzahl der roten Blutkörperchen in seinem Körper bedrohlich erhöht. Das Gelbe hatte im Laufe der Zeit seine DNA verändert und die typischen Stempel des menschlichen Körpers vorübergehend mutieren lassen. Nur dieser Tatsache war es zu verdanken, dass der organische Scan des Wächters negativ ausgefallen war.

Während Michael Miller die Tiefschlafphase erreichte, verließen die Wächter innerhalb von drei Minuten Bulgarien für immer.

Am nächsten Junitag um 02:37 Uhr, Ortszeit Antarktika, sammelten sich die letzten Wächter acht Kilometer vor dem Sog des Wolkenkreises. Zwei Pinguine, die den Anschluss an ihre Gruppe bei der Flucht zum anderen Ende des Kontinents verpasst hatten, betrachteten neugierig das Geschehen. Innerhalb von wenigen Sekunden formten sich die metallischen Objekte zu einer gigantischen Waage. Das monströse Symbol erstreckte sich über mehrere Kilometer und zeigte das Gleichgewicht beider Waagschalen. Es war der Moment, in dem sich die Kreaturen wieder in Bewegung setzten und ihre Reise zur Antarktis fortführten.

Die Auslöschung, in der über sieben Milliarden Menschen ihr Leben verloren haben, hatte dreieinhalb Stunden gedauert.

Um 14:12 Uhr trat das letzte Geschöpf der fremdartigen Rasse in die Spitze des Soges und verschwand durch die von Menschenhand erschaffene Anomalie von der Erde.

Mark Allison hatte recht behalten, ein kleiner Prozentanteil der menschlichen Rasse hatte die Eliminierung überlebt. Die Wächter hatten sich bei ihrer Säuberung auf die Oberfläche der Erde beschränkt. Die Analysen der fremden Kreaturen hatten ergeben, dass ein Großteil der zerstörerischen Rasse, die ihre Heimat bedrohte, auf der Oberfläche lebte. Das Ziel war nicht die Zerstörung der Menschheit. Die Säuberung diente lediglich dem Schutz ihres Planeten und des Universums. Sie nahmen den Menschen den Antriebsmotor. Sie nahmen ihnen die gefährliche Dynamik und letzten Endes gaben sie ihnen die Chance auf einen Neubeginn.

Im Laufe der nächsten zwei Wochen verließen die wenigen verbliebenen Menschen die Orte, die ihnen das Leben gerettet hatten. Gesteuert vom Instinkt oder von Freunden gewarnt, hatten sie den Albtraum überstanden und sahen einer fast menschenleeren Welt entgegen.

Die Tür des FBI-Bunkers öffnete sich. Mark hielt sich die Hand vors Gesicht. Nur langsam gewöhnten sich seine Augen an das Sonnenlicht.

Maria, Gabriel und Leonardo verließen eine Woche später den Keller des Hauses und suchten im Dorf nach Überlebenden. Zwei Tage später trafen sie ein junges Pärchen, das zum Zeitpunkt der Auslöschung im Fahrstuhl des zweiten Untergeschosses festgesteckt hatte. Aus eigener Kraft hatten sie sich nach zwei Tagen befreien können und hatten sich in einer neuen Welt wiedergefunden.

Michael wurde wie durch ein Wunder von einem Pfleger, der sich in der Tiefgarage des Hospitals aufgehalten hatte, gefunden und überlebte nur knapp.

Der Luftschutzbunker entriegelte sich drei Wochen nach der Auslöschung. Vorsichtig verließen die wenigen Mitglieder der ehemaligen Konföderation das Weiße Haus und standen stumm auf einer Straße in Washington nahe des

Präsidentenwohnsitzes. Während Midler auf die Knie fiel, den Boden berührte und anfing zu weinen, betrachtete Admiral Wilkens die unzähligen Toten, die aus der Situation gerissen, ihr Leben gelassen hatten.

Martin kniete sich langsam hin und sah auf das selbstgemalte Schild eines Obdachlosen vor dem Hauseingang.

Ihr werdet ernten, was Ihr sät.

Er legte das Schild aus Pappe wieder neben den Mann und schloss mit seinen Fingern die Augen des Toten. Christine bemerkte Vögel, Katzen und Eichhörnchen, die auf der einst stark befahrenen Hauptstraße umherliefen. Zwei kleine Hunde schliefen aneinander gekuschelt auf der mittleren Spur einer Schnellstraße. Der warme Sommerwind streichelte ihre Gesichter, während sich Tränen in ihren Augen bildeten. Martin sah Christine an, wischte ihr zärtlich die Traurigkeit von den Wangen und lächelte.

»Mein Vater sagte immer zu mir: Es gibt kein Ende. Das Ende ist nur der Anfang von etwas Neuem. Das ist unsere neue Welt. Das ist unsere neue Zukunft.«